カンの正体——究極のグローバル・メディア【目次】

序　章

ヴァティカンとは何か

サン・ピエトロ大聖堂

†イメージの中のヴァティカン

二〇一三年二月十一日、前ローマ教皇ベネディクト一六世が高齢を理由に退位を表明したことから、キリスト教徒の数が極めて少ない日本でも、「ヴァティカン」、「コンクラーベ」、「教皇」といった言葉がにわかに注目されるところとなった。とはいえ、ヴァティカンは、ほとんどの日本人にとっては馴染みのない場所であり、その名称から思い描くイメージは、せいぜいイタリア観光の際に訪れるサン・ピエトロ大聖堂と、駆け足で巡るヴァティカン美術館といったところだろうか。

しかしながら、ヴァティカン美術館に足を一歩踏み入れてみれば、あるいは、サン・ピエトロ大聖堂に隣接した、ローマ教皇公邸ヴァティカン宮のシスティナ礼拝堂に描かれたミケランジェロの天井画『天地創造』や巨大壁画『最後の審判』を一目見さえすれば、そこかしこに溢れる絵画や彫刻の、美術館以上ともいうべき美術作品の質の高さから、ヴァティカンに蓄積されている富のスケールの大きさを想像し、建物の巨大さ、壮麗さに、誰もが圧倒されずにはいられないだろう。

あるいは、映画ファンであれば、ヴァティカンというと、キリスト教をテーマにした

『ダ・ヴィンチ・コード』(二〇〇六年)で一躍名を成したベストセラー作家、ダン・ブラウンによる続編映画、『天使と悪魔』(二〇〇九年)に描かれたような、ミステリアスで得体の知れない、隠然と世界に影響力を及ぼす謎の集団『イルミナーティ』との関係を思い浮かべ、つい、にやにやしてしまう人もいるかもしれない。

†高まる関心

キリスト教徒が少ない日本では、知り合いにキリスト教徒が一人もいないという人も少なくないことだろう。しかし、二〇一三年はローマ教皇の交代劇があり、しかも、前教皇が存命中のまま退位して次の教皇が選出されるという、滅多にない事態となったため、ヴァティカンに関するTVや新聞での報道が相次ぎ、多くの日本人がヴァティカン、そして、教皇という存在に興味を抱くようになったのではないだろうか。

新しい教皇が就任してからは、過去数十年にわたって、繰り返しニュースとなってはもみ消されてきた、いわゆるヴァティカン銀行(IOR=宗教事業協会)の資金洗浄の噂を解明しようという動きが顕著になってきて、その話題がニュースのヘッドラインから消えることは無くなっている。謎に包まれたヴァティカン銀行が、いよいよ普通の金融機関に生まれ変わるのではないか、そのプロセスから、今までさんざん噂されてきたマフィアとの関係や、私財を肥やしてきた聖職者の名前、たびたび名前が取り沙汰されてきた政治家とヴァティカンとの特別な関係が明らかになるのではないかとの噂がさらなる憶測を呼び、新たなハリウッド映画の登場を期待させる様相ともなっている。もう一つヴァティカンがらみのスキャンダルといえば、聖職者による児童への性的虐待に関する報道が後を絶つことが無く、これもまた、一般人にとっては「文学的な」興味を刺激される要因となっているかもしれない。

興味深いことに、歴史上もっとも悪名高い、不道徳な教皇としてしばしば名のあがるアレクサンデル六世（ロドリーゴ・ボルジア）とその一族を描いた歴史ドラマ〝The Borgias（邦題は『ボルジア家 愛と欲望の教皇一族』）〟が二〇一一年、イギリス人のアカデミー俳優のジェレミー・アイアンズを主演に据えてカナダで制作され、一方、ヨーロッパでも同じ年、フランス、ドイツ、チェコの共同制作で〝Borgia（邦題は『ボルジア欲望の系譜』）〟が制作され、いずれも二〇一二年より日本のBSチャンネルでも有料放送されることとなった。これらの作品は歴史に題材を得たフィクションであり、ボルジア一族と当時の支配階級のありとあらゆる不道徳ぶりを、聖職者たちによる買春、ロドリーゴの長男チェーザレと妹ルクレツィアとの近親相姦、チェーザレの命によっていとも簡単に人を殺す従者の同性愛、弟ホフレのアヘン吸引などを含めて大胆に描いているため、歴史ファンや海外ドラマ好きを中心にして日本国内でも人気を博した。

すべての歴代教皇がアレクサンデル六世のようにスキャンダルまみれであったわけではないし、歴史上の不道徳な部分にばかり光を当てられるのはヴァティカンとしては不本意なことだろうが、ドラマの放映に合わせてキリスト教に馴染みの薄い日本の視聴者のためにガイドブックのようなものが企画・出版されることにもなり、偶然にも新たな教皇が選出される以前から、ヴァティカンに対する幅広い関心を呼ぶ素地がつくられたように思われる。

ヴァティカンの切手になっている
アレクサンデル六世

†イレギュラーずくめの教皇交代劇

ローマ教皇は、通常、前任者が亡くなって、はじめて後任を選出するものなので、二〇一三年の出来事は、一四一五年にグレゴリウス一二世が教皇職を放棄して以来のことだった。政治的な圧力を受けない自由意志での退位としては、実に、一二九四年のケレスティヌス五世以来のことである。そのため、今回のローマ教皇の交代は、キリスト教世界にとっては日本以上の衝撃をもって受け止められることになった。

二〇一三年二月十一日、前ローマ教皇ベネディクト一六世が二月二十八日午後八時をもって退位すると表明したので、前教皇の退位後、教皇庁はローマ・カトリック教会法に基づく使徒座空位期間の枢機卿らによる集団指導体制となり、後任を決めるコンクラーベと呼ばれる選挙が準備され、投票は三月十二日から始まった。そして、選挙権を持つ八十歳未満の枢機卿一一五名による五回目の投票の結果、二〇一三年三月十三日、アルゼンチン出身のベルゴリオ枢機卿が選出され、教皇フランシスコとなった。ベルゴリオ枢機卿の得票率は、教皇選出のために必要とされる全体の三分の二を大きく上回る九十票以上だったという。

フランシスコは史上初のアメリカ大陸出身のローマ教皇であり、ヨーロッパ以外の地域の出身者がローマ教皇に就くのは、シリア出身の第九〇代のグレゴリウス三世以来、一二七二年ぶりとのことで、前ローマ教皇ベネディクト一六世の存命中の退位による後継という特異さと共に、マスコミからは大きな注目を集めることとなった。

†強烈なローカルカラー

非キリスト教国である日本において、にわかにヴァティカンやローマ教皇への関心が高まったのは、近年の映画やTVドラマ、そして、何よりもこの教皇交代劇によるところが大きいと思われるが、筆者の脳裏に「メディアとしてのヴァティカン」という言葉が浮かんだのは、実は、今回に始まったことではなく、ずいぶん以前からのことである。

もともとフランス系カトリックの一貫校で小学校から高校までを過ごし、その後、アメリカ、イタリア、イギリスなどでかなりの期間を過ごし、欧州各国、南米やアジアの国々を旅して回った筆者にとって、キリスト教、あるいは、「教会」という施設は、決して珍しい存在ではなかった。いうなれば、キリスト教の教会、キリスト教徒である人たちは、ありふれて「どこへ行っても絶対にある（それじたいがユビキタス、あるいは、オムニプレゼンス＝あらゆる場所に存在する……と呼ぶべき状態）」存在だが、ただし、それが各国の歴史や文化によって、少しずつ異なって解釈されていることが感じられる、微妙なズレぶりには、なんともいえない興味を惹かれた。

「ズレぶり」とはどういうことかというと、たとえばスペイン語圏でもあるメキシコは国民の八割以上がローマ・カトリックの信者だが、宗教上の記念日の祝い方や儀式に色濃く土着宗教の影響が反映されており、ヴァティカンにより近い筋（例えばフランス系）のカトリック教徒から見ると、ほとんど異端スレスレとも思えるほど、異質でエキゾチックな要素に溢れている。

あるいは、ニューヨークへ初めて行った十六歳の時に、五番街にそびえるニューヨーク大司教区の大司教座聖堂である聖パトリック大聖堂を訪れたが、外からの見た目はヨーロッパの大聖堂と何ら違いはないものの、聖パトリックというのはそもそもがアイルランドの聖人であり、中に入ると、具体的には説明し難いのだが、なんとなくピンとこない違和感を覚えた。ましてや、南イタリアからの移民が多いダウンタウンのリトル・イタリーで、シチリア系住民の教会に足を踏み入れた時には、祭壇画の色彩感覚からして「違う！　ここにはいられない」という激しい衝動を感じて、すぐに外に飛び出してしまった。

ニューヨークにおけるアイルランド系、イタリア系というのは、アメリカの刑事ドラマを見るとよくわかるように、警官、消防士を輩出している民族グループで、これにポーランド系なども加わったカトリック圏出身の移民というのは、ピルグリム・ファーザーズ以来、プロテスタントこそが支配階級の条件であった米国の、特に、東海岸の社会においては白人マイノリティの代表格で、労働者階級の核を形成してきた。同じカトリックでも、アメリカの刑事ドラマにフランス系刑事が登場することは、まず、ほとんど無く、一九七〇年代以後は、アイルランド、イタリア系に加えて、プエルトリコやメキシコ系など、スペイン語系カトリック圏、さらに、アフリカ系の登場人物が増えてきているのは興味深いところだ。9・11で殉職した消防士たちの名前のリストを見ると、未だにイタリア系、アイルランド系が多いという事実、そして、今に至るまで、警官、消防士の仕事が命がけの肉体労働であるということを思い知らされる。そして、命がけの仕事をする男たちの多い民族コミュニティというのは結びつきが強いだけに、逆に、その他の民族グループに対しては排他的な印象を与えるものなのかもしれない。マンハッタンのカトリック教会は、そうした雰囲気が強いところばかりで、筆者にはどうにも馴染めず、結局、ニューヨークに暮らしていた間は、カトリックではなく、イギリス国教会系の聖公会（Episcopal Church）の教会の聖歌隊で歌を歌っていた。米国聖公会（ECUSA）は、現在のキリスト教諸教派の中では最もリベラルであるとされ、女性の聖職者の権利を認め、避妊や同性愛を公認している。

†教会乱立のマンハッタン

その後、大学を卒業してNYの美術館で研究員をしていた時に、レバノン系の友人にレバノン系東方正教会（アメリカに移住しているレバノン系家族にはキリスト教徒が多い）のクリスマスに連れて行かれて、クリスマスの歌がアラビア語で歌われているという衝撃体験（アラビア語といえば、イスラムのイマームがアッラーの教えを語る言葉だとばかり思い込んでいた）をしたり、同じ東方正教会でもロシア系、シリア系、ギリシャ系など、それぞれが独自の教会を持っており、カトリックのイタリア系、アイルランド系、ポーランド系、ヒスパニック系などが個別に強いエスニック・コミュニティを形成しているのと同じように、民族ごとの強い結びつきを形成していて、それぞれが必ずしも仲が良いわけではないことを知ることとなった。

日系人社会にも日系のキリスト教会、仏教会があるが、そもそも日系人は他の民族グループと比較すると数が少なく、高齢化する米国籍の日系人と近年、シリコンバレーで起業するような新移民との交流が活発ではないため、キリスト教徒の多い韓国系や中国系（台湾系・香港系）教会の世代を超えた結束力の強さには足下にも及ばない。米国社会における日系の影響力の弱さは、そのあたり（組織力の弱さ）に原因があるのかもなどと思ったりする。

同じキリスト教といっても、カトリック、プロテスタントという教派の違いのほかに、エスニック・グループごとに教会が別れているため、移民の国であるアメリカの大都市、ニューヨークのマンハッタンには、ほとんど1ブロックごとにといっても良いぐらい、数えきれないほどの教会がひしめきあっているわけだ。ヨーロッパにも教会は多いが、国や地域ごとにカトリック、プロテスタントと別れていることがほとんどなので、ニューヨークのように、まるで各国銀行の支店のごとく、各民族の、各教派ごとの教会が乱立しているという状態は、まず、見かけない。マンハッタンにあるキリスト教会は、教派は違ってもみなキリスト教を奉じる教会であり、各国銀行の支店が等しく金融業務をこなしているように、それぞれの教会は、究極的には同じ教理に基づいた活動を行っているのである。

†高度な標準化

キリスト教は、メタ・レベルでは極めて高度に標準化された教義（世界各国で使われている聖書が同じ原典から各国言語に翻訳されていることはその一例）に基づいており、信徒であれば、だれもが基本的には同じようにキリストの生涯や教えを思い浮かべるし、教派による違いはあるが、教会に一歩足を踏み入れれば、だいたいどのような行動を取るべきか、人々の心と頭の中に刷り込まれている。

同じキリスト教徒の同一教派であっても、民族グループによって所属する教会が異なるという話をしたが、一方で、その国における、その民族固有の利害を除けば、やはり同じキリスト教徒なのだ。祭壇の脇のよく見えるところに、その日の礼拝でルカなのか、マルコなのか、マタイ、あるいは、ヨハネなのか、聖書の第何章の何節から何節までを読むのか、また、その日に一緒に歌うべき楽曲（プロテスタントなら讃美歌、カトリックでは聖歌と呼ばれることが多い）やパイプオルガンで演奏される曲は何かなどが掲げられているが、その様式も世界中どこへ行っても、基本的には同じである。異なる民族グループであっても、人々が自発的に、同じ聖書、教理、典礼に基づいて教会の中では行動するという事実は、よく考えてみると、驚くべきことだろう。

世界各地の教会を訪れる筆者の主な目的は、ヨーロッパの場合には美術全集に掲載されている著名な祭壇画を鑑賞したり、建築様式そのもの、あるいは、屋内外に施された装飾を研究することにあるわけだが、そうした旅行を通じて、教会建築に固有な空間を繰り返し体感するうちに（キリスト教会建築は一定の約束事に則った様式によって建てられている）、キリスト教が二千年にわたってなし得た偉業……特に、専用施設である教会の構造、教典、儀式の標準化の完成度の高さ、組織を盤石なものとして、どんな時でも時代に乗り遅れずに生き残ってきた情報分析能力の高さに畏怖の念を抱くようになった。そして、教会内部のベンチに座って、丸天井に描かれた聖人や天使たちが空高く昇っていく有様を眺め、高い位置にある窓から降り注ぐ自然光が人の心理に与える影響を考えながら、建築史や美術史などでよく使われる「バロックの劇場空間としてのキリスト教建築」という表現を頭の中で反芻した。

たしかに、イタリアなどで現存している教会建築は、一六世紀末から一七世紀の、後代になって「バロック」と呼ばれるようになった様式によるものに見るべきものが多く、また、それ以後の建築にも、当然、バロックの影響は残っている。

教会は、キリスト教を信じる者にとっては、キリストや聖母マリアを通じて神と交信する場所なので、日頃、俗世界で暮らしている人間にとって「その気になりやすい」演出は極めて重要である。そういう意味で、教会の中が外の世界とはまったく異質な非日常的空間であることは、大きな意味を持っているわけだ。教会というのは、日常生活を送る私たちが出かけて行って、神（だと思っている存在）からメッセージを受け取るためのハコ……装置なのである。その中で、私たちは、一定のルールに従って、ある種の演劇（のようなもの）に参加する。

†キリスト教はグローバル・ネットワーク

なるほど教会は劇場と同じく「ハコ」なのだと私は納得したが、そこで私がより大きな興味を惹かれたのは、それが「ハコ」であるとしたら、そこで上演される演劇はどうつくられたのか。もっと言うなら、教会という施設が、現在では、大規模なネットワーク傘下の映画館のように世界中に存在、配置されているわけだが、これらはどのようにして世界に広がって行ったのか。そして、何よりも、コンテンツはどのようにつくられ、配信されたのか。

ブロック・バスターのハリウッド映画が世界各国の言語の字幕付き、あるいは吹き替えで同時に配信される仕組みと比較してみたら、聖書が各国言語に翻訳されていることは何やら似ているような気がして、「そうか……ハコとコンテンツ。要するにキリスト教、キリスト教会というのはグローバル・ネットワークであり、そのネットワークをつくったヴァティカンは、今でいうなら巨大資本をバックにしたメディア……ワーナーブラザース、CNNとかアルジャジーラみたいなものなのだ」ということに思い至ったのである。受け手がいて、需要があるからこそコンテンツはつくられ、翻訳されて、世界中に配信される。

†メディアとしてのヴァティカン

私は建築家ではないせいか、コンテンツを受信する施設としての教会建築の、人の心を酔わせる空間ディテールより、メディアのヘッドクォーターとしてのヴァティカンという組織がどのようにグローバルに配信すべき情報を選定し、それらの情報をどのようなプライオリティで、誰に伝えさせようとしたのかということに強い興味を抱いた。また、キリスト教発展の過程において、ヴァティカンと教会の情報流通の関係は一方通行ではなく、世界各地に置かれた教会は、ヴァティカンへの独自の情報源として、どれほど大きな役割を果たしたことであろうかということを想像した。

世界各地の教会は、ヴァティカンを発信源とする、標準化された情報としての教義、最新のニュースを信徒たちが受け取るための場（ハコ）として機能すると同時に、毛細血管の末端の細胞のような各教会からは、その地域の最新情報が、その教区を司る聖職者たちの手によってローマへと送られていったわけである。未編集のままの素データとして送られる情報も多くあっただろうし、その地域のエキスパートならではの分析を加えた報告として情報が送られたこともあったことだろう。これは、今の感覚でいうなら、正にグローバル展開するメディアの各支局が本部へ向けて情報を送っているのと同じようなことではないか。

ある教区の司祭が記録した、その地域の農作物の不作や疫病についての情報は、情報を提供する当事者にとってみれば素データとして事実を記載しているに過ぎないが、本部に集積された膨大な情報の中で、隣接地域のデータと比較して解釈を加えた場合、どこで何をめぐった戦争が起きそうであるとか、隣国どうしが戦争になった場合、どちらが勝ちそうであるといったことは、かなり高い的中率をもって分析することが可能だったに違いない。これは、現代の新聞・TVなど大手メディアの本部に政治、経済、科学技術などのスペシャリストたちが大勢控えていて、世界中から寄せられる情報をもとに、どこに特派員を送って、より詳細な取材をすべきかどうかの判断を経営陣に上げていく仕組みとよく似ている。

そして、大手メディア・ネットワークが石油や金融、軍事産業などの大手企業をスポンサーに抱え、その潤沢な資金力でグローバルな取材活動を展開し続けているのと同じように、キリスト教の総本山であるヴァティカンもまた、金融、あるいは、塩など当時の戦略物資を商う豪商たち、また、キリスト教世界での正統派としてお墨付きが欲しい君主たちをスポンサーに持っていた。

「神の代理人」たる教皇を頂くヴァティカンは、地上の富を支配する君主たちを従順な僕としてつき従わせ、莫大な上納金を受け取り、戦争の危機が迫る度にそれぞれの国の軍隊の保護を受けるために、彼らとの良好な関係を保つ必要があったので、価値ある情報の一部を見返りとして有効に使いながら、グローバル・ネットワークを拡張させていったというわけだ。こうしてヴァティカンは何世紀にもわたって、絶対君主たちを支配し続けた。

†キリスト教の「力の構造」

筆者の手元には、小学校の頃から使っているドン・ボスコ社発行の新訳聖書があるが、その巻末には「新約時代のイェルサレム」、「新約時代のパレスティナ」、及び、キリスト教の海外布教活動の先駆者で、ローマ帝国領内にキリスト教を広めた立役者として知られる聖パウロが訪れた広汎な地域の地図が掲載されている。パレスティナだけでも国際紛争と同義語のようなものだが、パウロが訪問した地域の地図には、イスラエル、ヨルダン、シリア、レバノン、エジプト、トルコ、ギリシャ、キプロス、イラク、イランなど、今、正に、毎日のようにニュースで名前の出ている国がすべて含まれているのには驚かされる。この地域全体がユダヤ教、キリスト教、イスラム教の発生と重層的に深くかかわっているのだ。

聖パウロは、生まれながらローマ市民権を持つ古代ローマの属州キリキアの州都タルソス（今のトルコ中南部メルスィン県のタルスス）生まれのユダヤ人で、新約聖書の中に収められている書簡として、『ローマの信徒への手紙』、『コリントの信徒への手紙一』、『コリントの信徒への手紙二』、『ガラテヤの信徒への手紙』、『フィリピの信徒への手紙』、『テサロニケの信徒への手紙一』、『フィレモンへの手紙』などの著者としても知られている。

キリスト教は、初期の段階から布教を目的として、外国へ、外国へと組織を膨張させていった歴史がある。もともとユダヤの一地方から始まったキリスト教が、その地を治めた支配者であるローマ帝国に「奴隷の宗教」と疎まれながらも、やがて支配層を飲み込み、

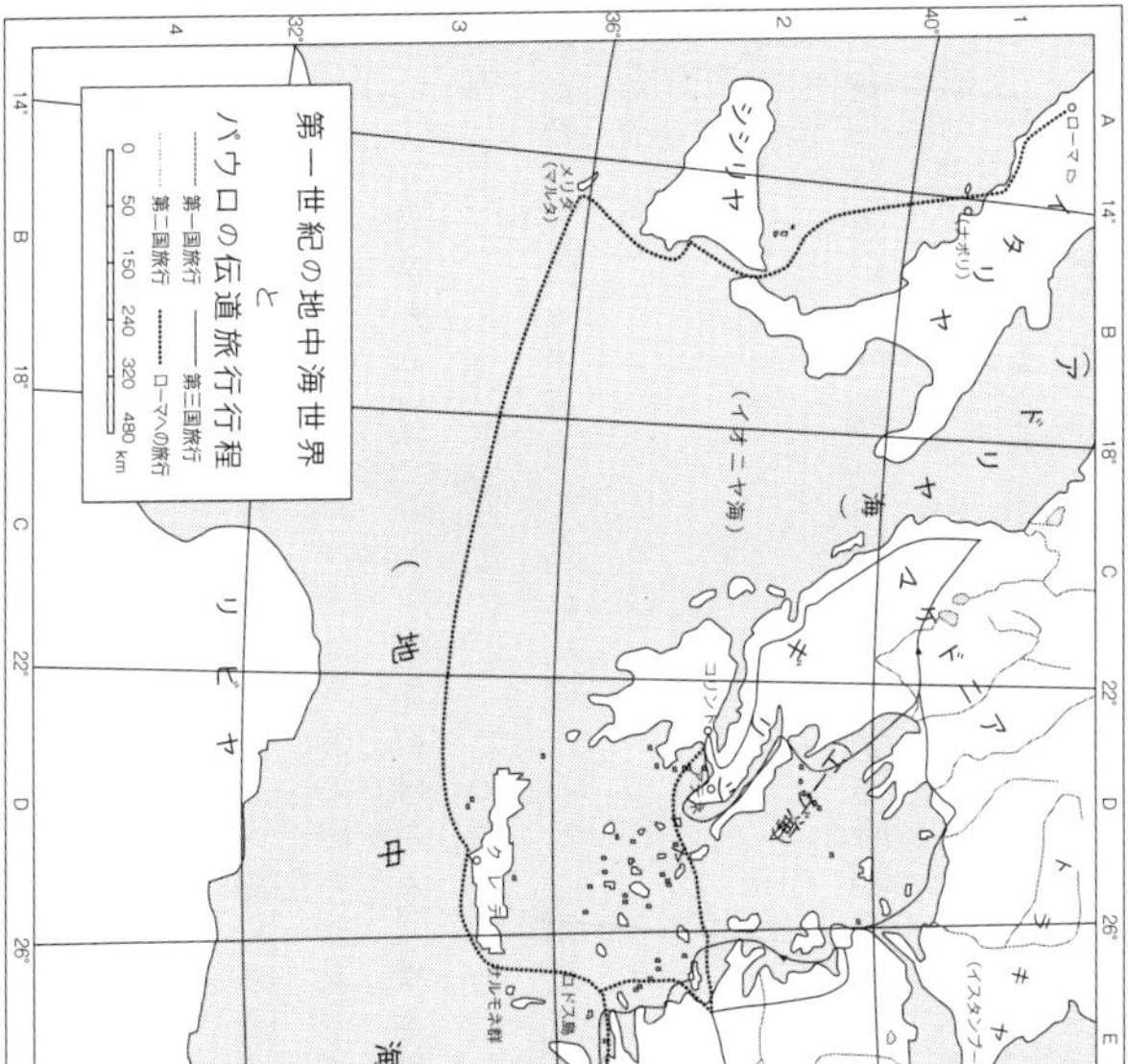

第一世紀の地中海世界とパウロの伝道旅行行程（『聖書地図』日本聖書協会 1956 年より）

コンスタンティヌス大帝の時代には、皇帝みずからもキリスト教徒となった。三一三年のミラノ勅令によってキリスト教は公認され（この時点では、その他の宗教と同等の権利が認められたに過ぎなかった）、三八〇年、テオドシウス帝の時代になると「奴隷のもの」だったはずのキリスト教は一転、ローマ帝国の国教とされている。ここに至るまでの過程で、先に述べた聖パウロを含め、多くのキリスト教徒が弾圧を受け、殉教している。

ローマ皇帝たちは、当然、増え続けるキリスト教徒を広大な帝国統治のために組織的に利用しようとしたに過ぎないが、この影響力を増し続けるキリスト教の「力の構造」は一体どのようにカタチづくられたのだろう。筆者は、この部分にもっとも興味を惹かれることとなった。

†多言語化への対応

新約聖書の『使徒言行録』に、聖霊降臨（ペンテコステ）という現象について書かれた一章がある。キリストが復活して昇天した五十日後、大勢の信徒たちが集まって祈っていたところ、嵐のような激しい風の音が聞こえてきて、天から「炎のような舌」が一人ひとりの頭上に降って、彼らはたちどころにさまざまな国の言語を理解し、話すことができるようになったという。当時から地中海地域は民族が入り乱れ、言語や文化は複雑に別れていたが、この出来事があって以後、パレスティナ出身のキリスト教徒たちが各地の言葉を操れるようになったことは、大きな注目を集めたとされている。

そもそも『使徒言行録』は、カトリック教会が初代教皇と認め、キリストの直弟子である十二使徒の筆頭である聖ペトロと、異邦人のための使徒と呼ばれる聖パウロを中心に、イェルサレムからキリスト教が異邦人（ユダヤ人以外）の間へと広がっていくプロセスを記録した内容だ。その『使徒言行録』の中に、超自然的な力（奇蹟）によって、キリスト教徒たちが各国の言葉を自由に話せるようになるというエピソードが大きく取りあげられているということは、実際にそのようなことがあったかどうかは別として、早い段階から、キリスト教を理論化した中心人物たちが外国へ効率良く布教することを重視しており、そのためにキリストの教えを多言語で伝えること、外国語を話せる大量の人員が不可欠だと考えていたことがよくわかって興味深い。このことは、後代、聖書が誰にでもわかりやすい口語体で世界各地の言語に翻訳されることと無関係ではないだろう。

信徒の数を増やすためには、虐げられた教育機会の乏しい人たちにもわかる平易な地域言語でキリストの教えを説くことに心を砕き、一方の指導者たちは、お互いが遠く離れた地域の出身で活動地域が違ったとしても、共通言語で意思疎通が自由にできないと不便であることから、ギリシャ語やラテン語が公用語として使われるようになっていった。

†秀逸なメディア戦略

これを現代にあてはめて考えてみよう。国を超えたビジネスを行う際のプロフェッショナル言語は、今ではラテン語から英語に取ってかわられているが、ヴァティカンは、本来、偶像崇拝を禁じているキリスト教において、目に見えないはずの「魂の救済」を「天国」や「慈しみ深き聖母マリア」など、わかりやすいイメージに具象化することを許し、音楽や絵画・彫刻、巨大建築空間を活用した演出で階層を越えた多くの人々を魅了、統率し、時には無辜《むこ》の市民を異教徒との闘いに駆り立ててもきた。これは、現代の文脈でいうなら、それぞれの時代の魅力的な男性像、女性像、あるいは、家族のあり方や市民の姿を具体的な理想像として描いて見せるという点で、いかにもハリウッドがやりそうなことだ。

そして、各教区における教会は、TVが各家庭に無かった時代、ニュース映画を上映する映画館のようなもので、ヴァティカンというメディアのチャンネルとして有効に機能した。この「メディア」は、より多くの信徒を獲得すること、信徒たちの離反を防ぐことを主な目的として活用された点で、公共性を求められる現在の報道機関とは一線を画する性質のものだが、視点を変えるなら、事業のブランディング、嗜好品のマーケティング、また、一つのイデオロギーへの依存性を決定づけるためのメディア戦略としては、極めて秀逸で洗練されたものだった。

「メディア」としてのヴァティカンのあり方を、現在のイスラム過激派がジハード戦士をリクルートするためにYouTubeやSNSなど、お金のかからないネット系の若者メディアを最大限に活用していることと比較すると興味深いが、ヴァティカンはむしろ、ディズニーとCNNが合体したような派手な存在で、大資本を背景にした「メディアの覇者」と解釈することができる。

小回りの効くソーシャル・メディアの使い方については、昨年の米・大統領選挙において、共和党のキリスト教系保守グループがオバマ陣営を支援する民主党の若者グループのユーモアと皮肉に溢れたヴィデオやtweetへの対応に手こずっていたように、新教皇選出後のヴァティカンも、まだまだ学習が必要といったところかもしれない。

†"Think globally, act locally"

話を西暦一〜二世紀に戻すと、当時、キリスト教の体系をつくろうとしていた指導者たちは、抽象レベルでの理念や布教のためのインフラづくりはグローバルに考え、それぞれの地域での信徒を増やすという活動においては、徹底的にわかりやすさにこだわっていた。正に、"Think globally, act locally"を彼らはすでに実行していたわけである。

キリスト教のコンテンツであるキリストの教えと生涯の物語については、集会ごとに語られる内容が違っていると信用を失うので、キリストがどこで生まれたとか、生まれた時にはどういう現象が見られた、何歳で布教活動に入り、何歳で捕らえられて処刑され、その後何日めに復活したかなどは、寸分違わず伝えられるよう、ストーリーは徹底的な標準化が行われ、それが聖書となり、聖書に基づけば、誰もが同じ話を繰り返して伝えてゆける環境が整ったというわけである。一方、それぞれの地域へのローカライズは地域言語への翻訳で達成されている。

「標準化」と「ローカライゼーション」という、今の時代のグローバル企業が経営戦略上、最も重視することに原始キリスト教団がごく早い段階から取り組んでいたことは注目に価し、また、現在のヴァティカンが、当然ながら、その延長上に存在しているということを忘れてはなるまい。

†先見性と変容

ヴァティカンは、もともと全世界へ向けてキリストの福音を発信するという目的を持った組織であるという点で、設立当初から「メディア」としての側面を持っていた。そして、そのメディアは一方通行のものではなく、発信された情報が目的の教会に届いた後は、その反応や現地の情報を伴って発信地点に戻って来る双方向性のものだった。

列強による大航海時代、植民地支配の時代になり、布教活動が新大陸へと向かうと、この逆方向の通信によって、現地からヴァティカンに集まってくる情報の価値は、以前にも増して貴重なものとなっていった。キリスト教の布教に命をかける宣教師たちは、地の果てまで赴くことをものともしなかったので、未知の大陸を探すための船に乗り込み、植民地では新大陸の先住民をキリスト教徒に改宗させようとしながら（結果として、現地の文化を破壊したり、残虐行為を行った末、殺害される者も後を絶たなかったが）現地の情報を集め、航海図や地図をつくることに貢献したり、新大陸の資源や動植物についての研究、同じ地域にヨーロッパの他のどんな国々が興味を示しているかなどの情報を、精力的にヴァティカンに書き送った。

こうした地理上の発見に伴う地図やイラストを含む膨大な文書は、ヴァティカンが擁する学者たちによって検証、分析され、実は地球は平らなどではなく、どれほど海を進んでも船がこの世の果てで向こう側に落ちてしまうことなどないといったことは、かなり早い段階から認識されていたことだろう。そうした情報をすべて掌握した上で、彼らは、今までキリスト教会が認めてきた主張が「どうもそうではないらしい」と世間に知れることを怖れ、特に、地上の君主たちに対する優位を保つためにはどんな論理で対抗すべきかについて知恵を絞っていたものと思われる。ルネサンスから近代へと時代が移り変わるにつれ、ヴァティカンは地理上の発見や科学的発見と対峙せねばならないことが増えていったに違いない。

ヴァティカンをメディアとして現代的な文脈で読み解くことに、筆者は長年興味を抱いてきた。幾多の戦乱、歴史の転換期を生き延びてきたヴァティカンの、組織としてのみずからの地位を不動のものにするための戦略を歴史的に俯瞰すると、ヴァティカンはどうしても「メディアである」と考えないわけにはいかなくなるのだ。それ以前に、一八七〇年に教皇領が消滅し、名実ともに地上の支配権を失って、科学の進歩に抗えなくなったヴァティカンがみずからを文化的存在へと変容を遂げることで、精神世界の支配者としての不変的地位をより強固なものとした経緯にとても惹かれる。

特に時代の大転換期となった宗教改革における生き残り戦略としての反動宗教改革において、時代錯誤とも思える絢爛豪華な教会を次々と建立し、訪れる者を視覚的に圧倒する美術品で飾り立てたことは、果たしてどういう戦略だったのか。また、優秀であれば人種や国籍を問わず、世界中から人材を受け入れ、現在に至るまで、ヴァティカンが高度な学術機関としての権威を保ち続けていることも、少子高齢化で国際競争力を失っていく一方とされる日本の今後の生き残りを考えるうえで、大いに参考になるような気がしている。

†ジョブズとヴァティカン

もう一つ、筆者がヴァティカンについて、メディア、あるいは、文化的存在としての側面について改めて考察してみたいと思ったきっかけは、二〇一一年一〇月五日にアップル・コンピュータの生みの親であるスティーブ・ジョブズが亡くなったことである。

どういうことかというと、アップル製品のファンの行動は、かねてから「宗教的である」としばしば揶揄され、実際にBBCの報道によると、イギリスで行われた心理学の実験で、アップルを信奉するユーザーが新たなアップル製品を購入しようと徹夜で並んだり、それらを真っ先に入手した時、あるいは、それを初めて使う時の心理は、宗教活動に没頭している人の心理状態に極めて近いという結果が出たとのことだった。そのようなユーザー＝ファンを世界中に持つ、カリスマ的存在であったスティーブ・ジョブズが亡くなった後、果たしてアップルという会社はどうなっていくのか。筆者はそのことに興味を抱いた。

イエスは死んで救世主となり、その教えはヴァティカンを通じて何世紀にもわたって受け継がれて行くこととなったわけだが、スティーブ・ジョブズ亡き後のアップルはヴァティカンのような文化的インスティテューションとなって、アップルであり続けることができるのか？

スティーブ・ジョブズは亡くなるまでに幾多の神話を生んでおり、企業としてのアップルは、すでに単なるハイテク機器メーカーという域を超えた文化的存在となっていた。ジョブズ自身もアップルも、新製品の発表会はグローバル・メディアそのもののようだった。

キリストは死後三日目に復活を遂げたとされ、キリスト教の教理の中で不滅の存在となったわけだが、ジョブズは死して三年後（二〇一三年）に『スティーブ・ジョブズ(Jobs)』という映画がアシュトン・カッチャーの主演でリリースされることとなった。

ヴァティカンとハリウッドに似たところがあるということはすでに指摘したが、ジョブズとアップルの共同創始者であるスティーブ・ウォズニアック、さらには取り巻きの関係者らが俳優たちによって演じられ、映像コンテンツの中で普遍化されることは、キリストや聖母マリア、使徒たちが、ルネサンスやバロックの絵画の中に繰り返し描かれていることにも似ており、興味深いことだ。そのうち、ジョブズが生きていた時代に発表されたアップル製品に「聖遺物」としての価値が出てくるかもしれない。

アップル製品を愛用するユーザーは信徒のようなものであったにせよ、より優れた製品を世に送り出そうという激しい欲求に駆り立てられ続けたスティーブ・ジョブズは宗教者ではなかった。ただし、筆者が注目するのは、その製品が単なる「モノ」としてではなく、ユーザーとスティーブ・ジョブズをつなぐツール（もしくは、メディア）としての側面を持っていたという点である。ハイテク・ガジェットはいくらでもあるが、マイクロソフトのユーザーがビル・ゲイツとつながりを求めようとしているのは滅多に見たことはないし、自分の使っている携帯電話を作っている会社の創業者の名前をすべての人が言えるとは限らない。ただし、アップルの場合を除いては……。

キリスト教創設以来のヴァティカンの戦略、そして、アップルの製品、スティーブ・ジョブズの（意図してかどうかはわからないが）マーケティング戦略の共通点は、いずれもメディアを介して「人の心を支配するということ」だったのではないかと思う。

†そして日本が学ぶべきこと

震災以来、なかなか活力が戻らない日本は、急激な少子高齢化を避けて通れず、目先の経済・金融政策だけで国際競争に生き残っていけるとは到底思えない。そういう時代だからこそ、地上の権力を失った時にヴァティカンは何をしたのか、また、カリスマ亡き後のアップルがどのような変容を遂げて生き残ってゆくのかを考察することは、我が国が後世に及ぶ文化的存在として生まれ変わる上で大きな示唆を与えてくれるような気がするのだ。

第１章

知の三位一体
——知られざるヴァティカンの素顔

サン・ピエトロ大聖堂

究極のインテリジェンス

†情報・教育・金融――ヴァティカンの三位一体

いくつかの定理を含む一つの概念、あるいは、一つのプロジェクトを遂行する上で三人、もしくは、三つの要素が切り離せないことをキリスト教圏ではしばしば「三位一体」と表現する。キリスト教に馴染みの薄い日本人でも、「三位一体」という言葉じたいは聞いたことがあるという人が多いのではないだろうか。また、その言葉の響きから、三つの要素が切り離せない関係にあるということは、なんとなく察せられるので、キリスト教理に基づく意味を意識せずに、政治的な議論などで「三位一体の改革」といった表現が使われている事例もよく見かける。

そもそも日本語には「三人寄れば文殊の知恵」、「石の上にも三年」、「三度目の正直」など「3という数字」にちなんだ喩えは多く、現在、毎日のように話題となっているアベノミクスの日本再生へ向けての戦略においても「大胆な金融政策」、「機動的な財政政策」、「民間投資を喚起する成長戦略」を「三本の矢」と称している。「3という数字」は、本来であれば1＋1は2だが、「男と女の結合から子供が生まれる」という意味において1＋1が新たに1つの完成されたものを創りだすことで3となる……という解釈が世界の広い地域で古来行われており、日本においても仏教由来で特別な数字としての「3」の神秘にまつわる様々な表現、ことわざが定着したようだ。

キリスト教の三位とは「父」と「子」と「聖霊」を表し、三者はそれぞれ独立した存在でありながら一体として働き、本質において同一であるというのが「三位一体」であり、同時にこれが「唯一の神」の本質であるというのがキリスト教における一般的な説明だ。この考え方はカトリック教会のみならず、基本的には、聖公会、正教会、東方諸教会、プロテスタント諸派の大半によって支持されている。

メディアとしてのヴァティカンの素顔を表現するため、「知の三位一体」という言葉を筆者は無意識のうちに選んで使ったので、キリスト教における「三位一体」の概念について簡単に触れたが、ヴァティカンの「知」を司る様々な要素はそれぞれ独立して知＝インテリジェンスとして成り立つが、その代表的な活動である■情報分析、■教育・研究、■金融政策は、互いに不可分な関係にあり、これらが合体・融合することでヴァティカンならではの知、及び、情報活動（狭義の意味でのインテリジェンス＝機密情報の分析）が形成されるという意味で、正しく三位一体と呼ぶことがふさわしい。

　実は、この「三位一体」という言葉をどのように説明するかということ一つとってみても、キリスト教神学による定義……要するに、キリスト教会が二千年来の威信をかけて繰り返してきた研究と議論の賜物なわけで、キリスト教徒たちが日頃、何気なく口にしている言葉の多く（たとえば、復活祭の「復活」とは何を意味しているのかなど）は、いずれも「公会議」と呼ばれる世界各地のキリスト教関係者の幹部を集めた国際会議の場でどのような解釈が正統であるべきか決定されてきた経緯がある。

　キリスト教はユダヤの一辺境地で発生したが、宗教としての組織化は、昔も今も変わらぬパレスティナ（聖書の時代に遡ると、ユダヤはパレスティナの一部だった。当時のパレスティナとは、現代のイスラエルとパレスティナ自治区、ヨルダンの東部の砂漠地域以外、及び、レバノンとシリアの一部が含まれる）という、人種的にも文化的にも複雑な土地柄という事情があったせいか、信徒を増やすためには一刻も早くグローバル化することが宿

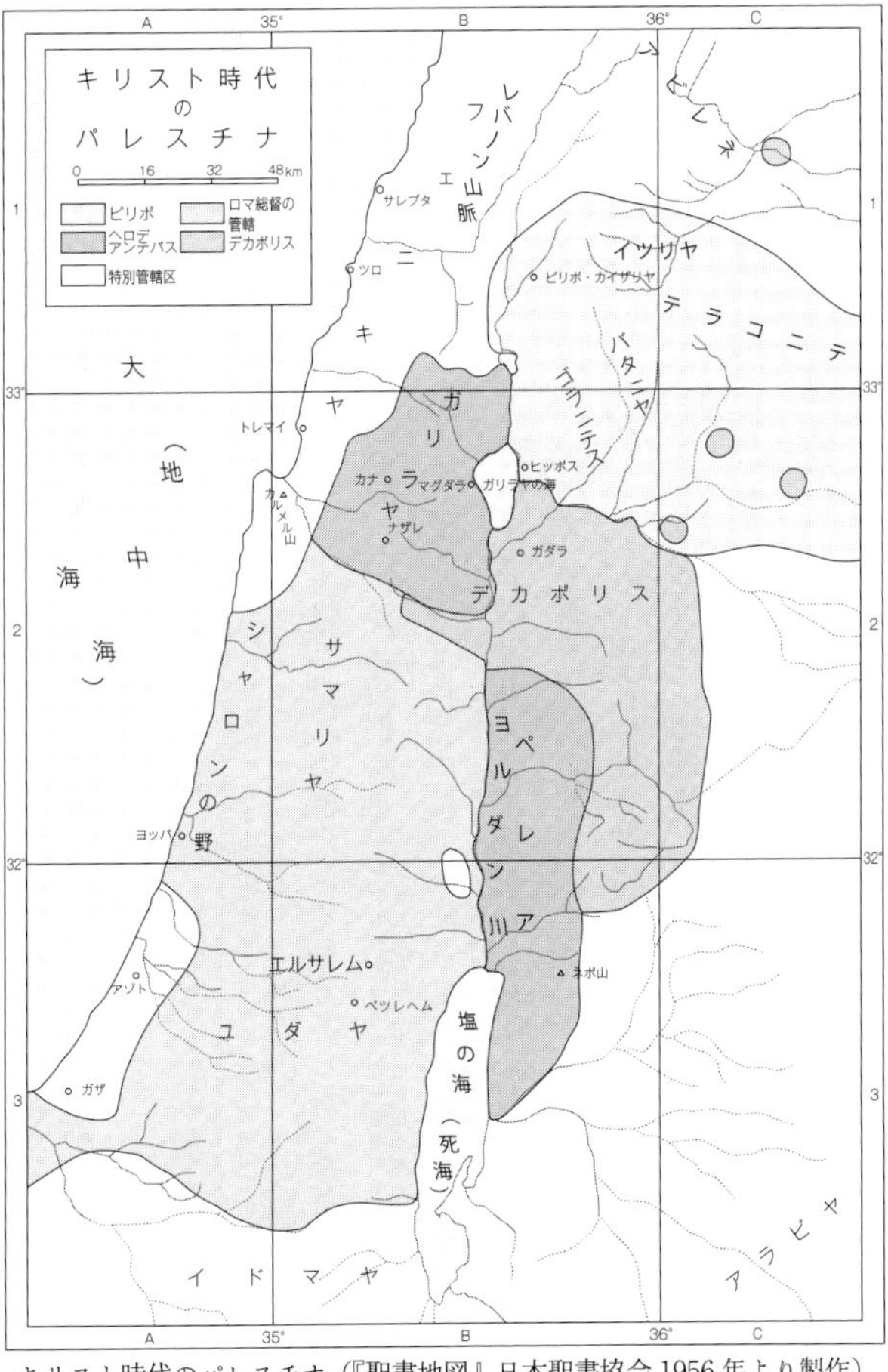

キリスト時代のパレスチナ（『聖書地図』日本聖書協会 1956 年より製作）

命づけられていたようだ。そして、「正統」であると認定された解釈のみが普遍的な教理とされ、それ以外は即ち「異端」ということで排斥され、キリスト教の標準化は着々と進められていったわけである。

†世界最強のコンテンツホルダー

ヴァティカンの知の蓄積レベルを推し量る指標はいろいろあるが、世界最古の図書館の一つに数えられるBAV（ヴァティカン図書館＝Biblioteca Apostolica Vaticana）の存在はその代表格だろう。ローマのキリスト教会には、皇帝コンスタンティヌス一世が教皇の住居としてラテラノ宮を贈った四世紀以前から書籍や文書を保管するためのScrinium（書庫）があったとされ、八世紀の終わり、ハドリアヌス一世の頃には「図書館」としての書籍コレクションが存在していた。現在の蔵書数は百十万冊を超え、この中にはインキュナブラ（揺籃印刷本。西欧最初期の活字印刷物）はもちろんのこと、羊皮紙に書かれた四世紀の貴重な旧約・新約聖書のギリシャ語写本である「ヴァティカン写本（Codex Vaticanus）」や、六世紀の東ローマ帝国の歴史家・政治家、プロコピオスの『秘史』など、グーテンベルク（一五世紀の活版印刷の発明者）以前の手書きの稀《き》覯《こう》本、文書も多く含まれている。

ヴァティカン図書館（ＢＡＶ）としての歴史は、教皇の、いわゆる「アヴィニョン捕囚」の時期を経て、教皇がローマに戻った後の一四四八年、ニコラウス五世が歴代の教皇に受け継がれてきた蔵書にみずから集めた蔵書を足して整備したことに始まる。初代図書館長にバルトロメオ・プラティナが任命され、一四八一年に彼が蔵書目録を作成した際には、ヘブライ語、ギリシャ語、ラテン語の古写本を含む三四九八点が数えられたという。

その後、歴代教皇や親カトリックの君主たちからの遺贈が繰り返され、時には貴重な書物を購入することもあったので、蔵書が増え過ぎて収まりきらなくなったことから、一五八七〜九年頃、教皇シクストゥス五世がドメニコ・フォンターナに図書館の設計を依頼し、この時の建物が現在まで使われている。また、ＢＡＶには当初、いわゆる「機密文書」も収蔵されていたが、一七世紀にこれらを別途収蔵するため、ＢＡＶから独立したアーカイヴとしてＡＳＶ（ヴァティカン機密アーカイヴ＝Archivum Secretum Vaticanum）が設立された。

ダン・ブラウンの『天使と悪魔』が映画化されてリリースされたのは二〇〇九年だが、その翌年の二〇一〇年、イタリア人のヴァティカン研究者五名（Luca Becchetti, Luca Carboni, Giovanni Castaldo, Marcel Chappin, Giovanni Coco）による共著で“The Vatican Secret Archives”という英語、及び、フランス語版の書籍が出版（イタリア語のオリジナルは二〇〇九年発行）された。同書の見所は、書架の総延長が地下の書庫のぶんを含めると八十五キロメートルといわれるASV内部の美しい装飾や天井画の写真が満載であることと、初公開のもの数点を含む約一〇〇点の「機密文書」が本書の出版のために結成された委員会によって選ばれ、掲載、解説されている点にある。

ヴァティカンの機密文書というだけあって、異端審問で有罪判決を受けたガリレオ・ガリレイの自筆の手紙や、クレメンス七世に宛てられたヘンリー八世からの最初の王妃、キャサリン・オブ・アラゴンとの離婚を認めてほしいという手紙、サン・ピエトロ大聖堂で仕事をしていたミケランジェロの「資金を催促する」内容の手紙のほか、二〇世紀のものとしては、ピウス一一世からアドルフ・ヒトラーにあてられた複数の手紙など、キリスト教会が歴史をどう見て、判断してきたのかを外部のものが想像する上では非常に興味深い資料が多い。

映画『天使と悪魔』では、謎を解明しようと活躍するラングドン教授が最新鋭の設備を備えたアーカイヴの内部に閉じ込められ、窒息の恐怖のあまり（彼は幼少時のトラウマから閉所恐怖症ということになっている。最新鋭のアーカイヴでは火災時の消火のため酸素を遮断する設計になっているものが多いが、映画の中では文書の劣化を防ぐため、人が立ち入らない時には酸素が自動的に遮断される仕組みという設定だったようだ）書架を倒してアーカイヴのガラス壁を壊すシーンが印象に残っている。実際のところは、映画に出てくるようなハイテク設備にはなっておらず、金網を張った書庫内に延々と綴じられた文書が並ぶ、イタリアの歴史的な図書館やアーカイヴの、どこにでもある光景とさほどかわらなさそうだ。

ちなみに映画に出てくるハイテク書庫のイメージは、筆者の知る限り、一九九八年にセント・パンクラスの新館に移設された大英図書館の最新鋭の地下書庫に、むしろ近い。入館する際、「火災発生時には警告の後、酸素の供給が遮断されます。非常時、施設内のエレベーターは使用できなくなるので、地下書庫から誰の介助も得ず、階段を使って自力で屋外に避難することに同意しますか？」という文書に署名させられたことを、映画を見て思い出した。

ＡＳＶへのアクセスは厳重に制限されており、ラングドン教授の生みの親である作家のダン・ブラウンも中へ入ることを許されなかったとヴァティカンのガイドはまことしやかに強調するが、実際にはＢＡＶだけでなく、ＡＳＶへも年間六〇カ国、一五〇〇名程度の研究者が受け入れられている。

図書館もアーカイヴも、利用そのものは無料で、閲覧室には「ノートパソコン用の電源」のアウトレットも用意されており、自由に使うことができる。制限というのは、むしろ、リサーチをする側のアカデミックな資格・立場についてで、基本的には「真剣な研究者」であることを示すため、学位証明書（博士であることが前提）の提出や専門家による推薦状、具体的に何の研究をしており、書誌情報を調べた結果、ここでしか閲覧できない資料をどうしても見たいという要望書などを書いて、閲覧許可願いを事前に申請しなくてはならない。

ヴァティカンの図書、文書は、そのほとんどがかけがえのない一次資料なので、秘密めかしてもったいぶっているわけではなく、文化遺産を護る立場上、面白半分では見せられないのである。

✝ヴァティカン機密アーカイヴ

BAVは、キリスト教の神学体系を支えるヴァティカンの研究図書館であることから、キリスト教に直接関わること以外にも各時代の法律や歴史、哲学、そして、キリスト教とは長らく敵対する関係にあった科学分野を含む広汎な蔵書を擁している。これらの多くは早くからマイクロフィルム化され、学術利用が広く認められてきた。近年では各国の大学・研究機関と連携し、また、IT企業からの支援を得てデジタル化も急ピッチで進められ、多くの資料がインターネット上で公開されている。

一方ASVは、歴代教皇の個人的な文書を保管するアーカイヴとしての役割を担ってきた。当然ながら、各国の王侯貴族、元首、宗教家、思想家、科学者、芸術家、商人など、著名な歴史上の人物と教皇との間でやり取りされた自筆書簡は、公になると政局を左右しかねない情報も含まれていたので、当人たちが生きていた時代には機密扱いとなった。また、新大陸が発見され、宣教師が世界各地を訪れるようになってからは、そうした地域についての報告、宣教師間でのまた聞きによる情報（こうした風評による日本やその他のアジアの国々についての情報は興味深い）、現地の先住民や、その土地の支配者などからの各国言語による文書が教皇の元に寄せられた結果がアーカイヴとなった。

歴史……特に、政治・外交史の研究者にとっては、世界がヴァティカンをどう見てきたか、あるいは、ヴァティカンが各国をどのように分析していたか、ヴァティカンが各地に派遣していた人員はどれくらいの規模で、どれくらいの知識レベルの人たちであったのか。また、情報を受け取った側ではどの程度の情報分析能力を持っていたのかを知るうえで、これらの文書は貴重な手がかりの宝庫となっているのだ。

ＡＳＶには、モンゴル帝国の第三代皇帝（チンギス・ハーンの孫）、グユクの書簡、すなわち一二四六年、教皇インノケンティウス四世が送った「キリスト教に改宗せよ」という手紙に対する、彼の「その意思はない」という返信が残されている。改宗するどころか、教皇とキリスト教圏の王たちに服従を求めるグユクの書簡が、序文はトルコ語、本文はペルシャ語、日付はアラビア文字で書かれているといった事実を知ると、一三世紀、人々はすでに世界を活発に往来していたのだということがわかって、歴史好きにはたまらなくわくわくする。

ヴァティカンは、二〇世紀、特に第二次大戦以後、こうした歴史資料を活用し、世界の研究者たちと連携することで、神学分野だけでなく、学術機関としての側面をアピールしながら「開かれた」イメージの構築に取り組んで来た。ヴァティカン図書館やアーカイヴへのアクセスを「学術研究のみ」と基本的に制限する姿勢を取りながらも、どんな資料があるのかという書誌情報を公開することで、世界最強の歴史コンテンツ・ホルダーとしての威力を見せつけることに成功したわけだ。

アクセスを拒まれた市井の歴史愛好家たちは、資料を直接見せてもらえなければなおのこと、様々な陰謀説に思いを馳せ、想像をさらに逞しくするので、ヴァティカンの魅力は、その神秘のベールとともに輝きを増す結果となった。

ハリウッド黄金時代の歴史大作『ベン・ハー』やモーゼの『十戒』のような正統派のキリスト教映画はもちろんヒットしたが、近年の『薔薇の名前』や『ダ・ヴィンチ・コード』のような、あたかも真実であるかのような、実は完全なフィクションである謎解きの演出には知的好奇心をくすぐられる。一方、魔女や悪魔払い、悪霊や吸血鬼の映画ではラテン語を操る登場人物たちが正義の味方として活躍するストーリー展開になっていることが多く、ラテン語を呪文のような、特別な存在として位置づけている点、興味深いところである。

†「公会議」という国際会議

ヴァティカンの知の蓄積レベルを推し量るもう一つの指標として忘れてはならないのは、新約聖書の『使徒言行録』に出てくるエルサレム会議が起源とされる「公会議」の存在だ。初期のキリスト教では教理について議論が紛糾すると、各地域で代表者が会議を開いて決議を行うという、極めて民主的な手法が取られていた。

「貧しいものたちに心の救いを与える」宗教として広まったキリスト教では、議論を尽くして採決を取るという方法は自然な流れだったわけだが、言語や地域を越えてキリスト教が伝播してゆき、それぞれの地域で独自の教理が乱立するようでは一つの宗教としての統制が取れなくなるため、「少なくともこれだけは合意しておこう」という事項を決め、以後、教理の前提とするために、キリスト教圏のすべての地域（教区）代表が集まる国際会議の開催が必要となった。その歴史的な第一回目となったのが、三二五年に行われた第一ニカイア（ニケア、ニケーアともいわれるが、小アジアのニコメディア南部の町ニカイアのことで、現在はトルコ共和国領）公会議である。この会議で主なテーマとなったのは、冒頭で述べた「三位一体」をどのように定義するかというものだった。

ここで、キリスト教における三位とは「父」と「子」と「聖霊」を表し、三者はそれぞれ独立した存在でありながら一体として働き、本質において同一であることが「三位一体」で、これが「唯一の神」の本質であるということが確認され「ニカイア信条」として採択された。一方、これに納得しないアリウス派は異端とされるに至った。

アリウス派が異端とされるべきかどうかの議論は、実は、この後も長く続いたが、激論の原因となったのが、「父と子」が本質において同一であることを表現する際、「同質」(ギリシャ語：ホモウーシオス)とすべきか「相似」(ギリシャ語：ホモイウーシオス)とすべきかで揉め、三位一体の理解については同意するが、「同質」という表現が気に入らないという司教が多くいたため、いつまでも決着がつかなかったとされる。

四世紀初頭に、言葉の定義をするために各地から人々が集まって何日間も議論していたということじたい興味深いが、驚くのは会議への参加者の数で、諸説あるものの、カイサリアの主教エウセビオスは主教が二五〇人と書き残している。イタリア半島方面(西方)から参加したのは少数で、ほとんどが東方各地域からの参加者だったとされるが、司教など高位の聖職者のほか、司祭や信徒などを含めると数百名の参加者があったと考えられている。四世紀初頭に数百名規模の国際会議が行われていたのは、今でも国際会議を開こうにも、なかなか海外からの参加者を集められない日本の大学の状況などと比べると、驚くべきことだ。当然ながら、異なる国や地域から集まった参加者たちの話し言葉はそれぞれ違ったはずだが、会議の共通語としてギリシャ語が用いられ、数百人規模で一つの言語で議論ができたということは、まったく恐れ入るほかない。

キリスト教の発展にとってある意味幸運だったのは、ローマ皇帝コンスタンティヌス一世が当時、キリスト教をローマ帝国の分裂を防ぐ手段に利用しようと考えていたため、皇帝が全教会の代表者を集めて会議を開くことに熱心だったことだろう。三八一年には第一コンスタンティノポリス公会議が開かれ、三位一体を定義したニカイア信条は拡充され、聖霊、教会、死者の復活についての教義の詳細も含めて文章化されて、ニカイア・コンスタンティノポリス信条となった。

この、多様な地域・文化的バックグラウンドの人々が一堂に集い、「共通言語を用いた議論を通じて教義の詳細も含めて文章化する」ことを繰り返すという、徹底した標準化の作業の積み重ねこそが、今日、キリスト教がユニヴァーサル宗教として世界にあまねく広まった最大の要因ではないかと筆者は考えている。共通言語（ギリシャ語からラテン語、英語への変遷があったにせよ）と教義の標準化があって初めて、優秀でさえあれば世界中のどこからでも人材登用が可能、同時に、質の高い教育は世界中どこにおいても提供できるという、究極のフォーミュラが完成されたに違いない。それこそが、真のグローバルな情報機関であり、情報を発信するメディアであり、教育・研究機関でもあるヴァティカンの究極のインテリジェンスの本質なのではないだろうか。

†どこまでも順応する力

筆者は本書の執筆に取りかかる直前、「ノーベル賞クラスの成果を出す研究施設と組織の条件」について、ラボ設計の世界的権威である建築家、ケン・コーンバーグ氏の著作の翻訳を手がける機会があったが、彼は、「なるべく多様な国、専門分野など、異なるバックグラウンドの研究者を集め、彼らが頻繁に意見交換せざるを得ないような環境（動線）を建築設計上、意図的にデザインする。ラボに必要な基本機能は普遍的で、概ね、どの分野でも同じ（標準化されている）なので、分野が入れ替わっても対応できるよう予め配慮しておくべきだ。大きなブレイク・スルーは、同じような専門の研究者どうしの集団からではなく、しばしば全く異なる分野の研究者が偶然出会ったことによって生まれる」と、主張している。コーンバーグ氏の考えは、ヴァティカンの歴史、その存在と影響力が今に至るまで続いていることを解明する上でも有効で、同時に、現代を生きる私たちへの示唆に満ちているように思う。

公会議（「公会議」は教派によって認定回数が異なるが、ここではカトリックの認定する公会議の回数に準拠する）が神学体系をかたちづくる上で果たした役割は極めて大きく、第二次大戦後、一九六二〜一九六五年に開かれた第二回ヴァティカン公会議では、カトリック教会のアジョルナメント（現代化）をテーマとして、典礼・信仰の表現をわかりやすくすること、他宗教・他文化との対話（エキュメニズム）を推進することが採択された。これは、ヴァティカンが時代と共に変化し続け、存在し続けていくことへの決意表明とも受け取れるが、それから半世紀が過ぎた今、女性の役割の変遷や妊娠中絶、同性婚など、ヴァティカンに突きつけられた現代的課題は従来の教理では説明できないものが多く、多様で複雑化している。

新教皇フランシスコは二〇〇〇年の叡智を基にどのようなリーダーシップを発揮するのか。本来は保守的とされるが、気さくにどこへでも出かけ、思い立つと見知らぬ人にも電話をするという彼の言動から目が離せない。

最高のアカデミア・教育機関

†ヴァティカンで働く人々

ヴァティカンの「インテリジェンス」を構成するいくつかの要素については前項で述べた。それでは、そのヴァティカンの「知」を支えているスタッフ総数は一体どれくらいの人数になるのだろうか？

そもそもヴァティカン市国民の総数はどれほどかというと、二〇一三年現在、八三九名とされており、これらの人たちはヴァティカンの城壁内で生活しているか、聖座（教皇庁）の外交官として海外での任務（一七九の国と地域に大使あるいは外交使節を派遣している）に就いている。ヴァティカン市国内に在住するほとんどはカトリックの修道者であり、教皇以下、枢機卿・司祭など教皇庁で働く聖職者、少数のヴァティカン市国政府の専従職員、これにスイス人衛兵のみだ。ヴァティカン市国の市民権は、職務と共に発生するものなので、自動的に終生の権利ではなく、みな出身地の市民権を維持しているので二重国籍となっている。また、二〇一一年三月の法改正によって、ヴァティカン市国民という立場のほかにヴァティカン居住者（市国民ではないが、ヴァティカンの城壁内に居住することができる）という新しい身分も制定された。

それ以外、たとえばヴァティカン美術館の窓口で入場券を売る人、美術館の監視、ミュージアム・ショップで働く人、カフェでウェイターをするなどの接客に従事する人の数は二四〇〇を超えるが、彼らは城壁の外……即ち、ローマ市内に住んで、毎日、通勤している。

八三九人（うち約一八パーセントをスイス人衛兵が占める）というヴァティカン市国の人口がどれくらいの規模かというと、米国の名門、アイヴィー・リーグのイェール大学の研究教授の数が二〇一二年の調べで八四三名なので、ほぼ同数といえる。イェール大学で授業を持っている専任の教授、有期の教授と研究教授を合わせたファカルティ総数は四一四〇名、敷地面積は三三九ヘクタールだが、ヴァティカンのほうは、市国民と通勤者を合わせた数が三二三九人、敷地面積に至っては四四ヘクタールに過ぎない。

ヴァティカンのスイス人衛兵

イェール大学には学部、大学院を合わせておよそ一万二〇〇〇人の学生、九〇〇〇名を超える職員がいるので、教員数を含めて単純合計すると、キャンパス人口は二万五〇〇〇人となる。一方、敷地面積がイェール大学の八分の一以下しかないヴァティカンには、システィナ礼拝堂だけでも、毎日、二万五〇〇〇人の観光客が押し寄せているという。イェール大学のキャンパス人口すべてが毎日、システィナ礼拝堂を満たしていると考えると、ヴァティカンの文化財がいかに過重なストレスに曝されているかがよくわかるというものだ。

ヴァティカン市国は「ちょっとした大学キャンパスぐらいの規模」という比較をしようと思ったのだが、アメリカではどちらかというと「こぢんまりしている」とされるイェール大学のキャンパスと比較してもヴァティカン市国は小さい。

†カトリック大学

ヴァティカン市国内に住む聖職者の数は五〇〇名前後で、この中には図書館、アーカイヴ、美術館の専従スタッフとして働いている者もいることだろう。しかし、研究・教育機関としてのヴァティカンが誇るべき学校、研究者たち、そして、そこで学ぶ未来の聖職者たちはいったいどこにいるのか？

　ヴァティカン市国内にも、たとえば機密アーカイヴ（ASV）付属のキリスト教の文献を中心とした古文書を専門的に学ぶカリキュラム（La Scuola Vaticana di Paleografia, Diplomatica e Archivistica）が設置されているが、いわゆる聖職者になるための教育を行っている教皇庁立のカトリック大学（Università pontificie）には教会法で認められた次の七校があり、すべてヴァティカンの城壁外のローマ市内に位置している。

・Pontificia Università Antonianum（学生数非公開。大学院レベルのみ）
・Pontificia Università Gregoriana（学生数三八〇〇名）
・Pontificia Università Lateranense（学生数五〇〇〇名）
・Pontificia Università Salesiana（学生数一七八一名）
・Pontificia Università della Santa Croce（学生数一五〇〇名）
・Pontificia Università San Tommaso d'Aquino（別名 Angelicum）（学生数九〇六名）
・Pontificia Università Urbaniana（学生数一四〇〇名）

これらの大学では、いわゆる神学、哲学、教会法などを教えているが、大学以外に、伝統的にアテネオと呼ばれる文献を中心に行う研究所のほか、聖書研究所、東洋研究所、アラブ・イスラム研究所など十三の教皇庁立の研究機関がローマ市内にある。

†グレゴリアン大学とイエズス会の変遷

すべての大学や学術機関について説明しているときりがないので、ここでは日本人にもなじみ深いイエズス会（フランシスコ・ザビエルはイエズス会創設メンバーの一人）の初代総長・イグナチオ・デ・ロヨラによって一五五一年に創立されたグレゴリアン大学(Pontificia Università Gregoriana)を一例として紹介しておこう。同大は十七人の教皇を輩出している名門校で、先々代の教皇ヨハネ・パウロ二世によって枢機卿に任命された濱尾文郎（日本人の枢機卿としては五人め）の出身校の一つでもある。

出身者で興味深い名前としては、中国・明朝の宮廷で活躍し、日本でも知られる世界地図『坤輿《こんよ》万国全図』（一六〇二年）を出版し、ユークリッド幾何学を広めた功績で知られるマテオ・リッチがいる。彼は当時の中国の知識階級の人々と親しくなり、多くをキリスト教徒にしたほか、中国の文化や歴史を西欧社会に紹介することでも尽力した。現在、一五〇カ国から約三八〇〇〇名の学生が在籍している。

同大はもともとイエズス会の司祭養成学校、コレギウム・ロマヌムとして設立されたが、その後、教皇グレゴリウス一三世が手厚い庇護のもと移転・拡張したことから、グレゴリアーナという名称を戴いて現在に至っている。イエズス会は現在、六大陸、一一二カ国で一万七〇〇〇名以上のスタッフを擁する世界最大規模のカトリック教会の男子修道会で、現教皇フランシスコはイエズス会の出身だが、イエズス会出身者が教皇に就任したのは史上初のことだ。

イエズス会は一六世紀の対抗宗教改革(Counter-Reformation)の機運が高まりつつある中で生まれ、大航海時代と重なったこともあり、彼らの多くは中国、アジア、インド、南アメリカへと積極的な宣教活動を行った。チベットの情報をヴァティカンに初めてもたらしたのもイエズス会士たちだった。彼らは世界各地に散らばり、その土地の文化や言語について学術的な研究を行い、辞書の編纂などを行い、マイナーな言語の理解を通じてキリスト教を広めることに尽力した。日本語についても、ポルトガル語との対訳辞書が一六〇三年に出版されている。

その一方で、イエズス会員は「教皇の精鋭部隊(初代総長のデ・ロヨラはもともと騎士だった)」と呼ばれ、教皇への絶対的な忠誠を誓っていたことから、教皇の軛《くびき》を逃れて近代国家への道を歩み始めたヨーロッパ各国の君主から疎まれるようになった。一八世紀になるとその圧力は教皇へ向けられ、一七七三年、教皇クレメンス一四世はついに欧州各国の君主らに屈するかたちでイエズス会の活動を禁じる回勅を発布した。それでも、ロシアのエカテリーナ二世やプロイセン王フリードリヒ二世がイエズス会士をカトリック系の学校の教師として迎えるなど庇護したため、彼らは細々と生きながらえることができ、一八一四年、教皇ピウス七世によってイエズス会が再び認められて後は世界各地の教育分野で急激な成長を遂げることとなった。

このような経緯があったため、グレゴリアン大学も一七七三年以降、イエズス会からローマ教区の管轄運営となっていたが、イエズス会の再興が認められた後の一八二四年、教皇レオ一二世によって大学はイエズス会へと返還された。現在も、教授陣の多くはイエズス会士だが、近年は教授陣、学生ともに、聖職者ではない研究者の比率も増え、特に学生では二割ほどが非聖職者となっている。また、第二ヴァティカン公会議の後、同大で初めて博士号を取得した女性の一人、サンドラ・シュナイダーズは新約聖書研究の権威となり、アメリカの大学で神学を教え、多数の著作を出版している。

一八六一年、イタリア王国が成立し、イタリア統一（リソルジメント）運動の影響で、一八七〇年になるとローマ教皇領は消失し、それまでグレゴリアン大学が入っていた建物もイタリア新政府に没収されてしまった。そのため、大学は何度か引っ越しを余儀なくされたが、第一次大戦後、ベネディクトゥス一五世、ピウス九世のはからいでクイリナーレ丘のふもとに新たに土地を取得して、一九三〇年にようやく現在の建物が完成した。

グレゴリアン大学は今日、同大、教皇庁立聖書研究所、教皇庁立東洋研究所の、いずれも学術的権威として評価の高い三つの教育・研究機関によるコンソーシアムを形成している。同コンソーシアムは三つの図書館を擁しており、総蔵書数は一二〇万点を超える。神学はもちろん、哲学、文化、文学、言語学などの分野を幅広く収蔵しており、一六世紀の一次資料、稀覯本も多く含まれる。

現在のファカルティ構成は、神学、教会法（カノン）、哲学、教会の歴史と文化遺産（聖書考古学）、宣教学（キリスト教を広める上での異文化コミュニケーション研究）、社会科学などだが、このほかにも心理学、コミュニケーション論やユダヤ研究、ギリシャの歴史・文化研究などの研究部門もある。

グレゴリアン大学だけでなく、教皇庁立大学には世界中のどこからでも応募することができ、聖職者である必要はない。基本的にはクリスチャンであることが前提ではあるが、研究の必然性、研究を行う強い意志があれば、必ずしもキリスト教徒である必要はない。ただし、ラテン語、ギリシャ語の知識は必要で、この他にも複数言語に堪能であることは必要とされる。

ヴァティカンでの公用語はラテン語、日常会話はイタリア語、スイス人衛兵への指揮言語はドイツ語。外交用語としてはフランス語が認められ、この他、スペイン語、ポルトガル語、英語も使われる。歴代教皇はマルチリンガルで有名だが、教皇庁立大学や研究機関で勉強したり研究しようと思ったら、ラテン語、ギリシャ語以外に複数の現代言語に堪能であることは必須だろう。それがヴァティカンの知の一角を担う上での必須条件となる。

世界的金融システム

†ヴァティカンの財政

ヴァティカンの歳入がどうなっているのかというと、「産業」は出版物の刊行、カレンダーや葉書、しおりなどの印刷物販売、モザイクや宗教的な工芸品の製造・販売、職員のユニフォームの製造・販売など、あまりパッとしないが、主な財源は、年間平均で四百数十万人の来場者を数える美術館の入館料（現在のヴァティカン美術館・システィナ礼拝堂、大人一名の入館料は一六ユーロ）、ヴァティカン市国内でしか買うこともできない切手の販売、ヴァティカン・ユーロ・コインの売り上げ、それに、世界各地の信徒から送られてくる浄財（寄付金）である。浄財は、その年によってかなりの増減があるようだが、二〇一一年度実績は約六九七一万一七二三ドルで、このうち二八パーセントがアメリカからの寄付、次いでイタリア、ドイツ、スペイン、フランス、アイルランド、ブラジル、韓国の順で寄付額が大きい。

ヴァティカン市国の予算規模がどれほどかというと、二〇一一年度の歳入はUSドル・ベースで三億八〇〇〇万ドル、歳出は三億二六四〇万ドルで、当該年度についていうなら、赤字となっている。
ヴァティカンの金融機関は、俗にヴァティカン銀行と誤って呼ばれることが多い宗教事業協会（IOR＝Instituto per le Opere di Religione）で、ここがヴァティカン市国の国家財政管理と各国の民間投資銀行を通じた投資運用を行っている。IORが世界各国で行っている資金運用は利回りが非常に高いと噂されるが、この投資運用益についてはヴァティカン市国の歳入に反映されていない。

ヴァティカンの「富」の規模がはかり知れないのは、サン・ピエトロ大聖堂の壮麗さ、システィナ礼拝堂などに描かれたフレスコ画、ヴァティカン美術館の収蔵品の数々、そして、水曜日に定期的に行われるのが習わしとなっている教皇の祝福（テラスに姿を現して、集まった人々へ向けてメッセージを発する）を受けようと、サン・ピエトロ広場を埋め尽くす信徒や観光客の群れを見れば、誰にでもわかることだ。そして、歴代の教皇や枢機卿たちのすべてが疑わしいというわけではないが、そのきらびやかで神秘的な外観から、いつの時代にも、ヴァティカンには政治、金融スキャンダルの影がつきまとってきた。

†ヴァティカン銀行ＩＯＲ

しばしば「ヴァティカン銀行」と呼ばれるＩＯＲは、ヴァティカンの金融機関であることから、古い歴史を持っているものと誤解されがちだが、実は、二〇世紀になってから設立された組織である。イタリア王国成立以後、一八七〇年に教皇領を没収されたヴァティカンは、ラテラノ宮とヴァティカンを占有する条件として、イタリア政府に年額三二万五〇〇〇リラを支払うことを求められ、支払いを拒否した教皇庁と、教皇から関係者すべてを破門にされた政府との間は長らくこじれることとなった。

この問題がようやく解決を見たのは一九二九年のことで、イタリア王国はヴィットーリオ・エマヌエーレ三世の全権代理である、当時のムッソリーニ首相と教皇ピウス一一世の代理、教皇庁国務長官のガスパッリ枢機卿がラテラノ条約に調印し、この時初めて現在のヴァティカン市国がイタリア政府から独立した存在であることが宣言され、ヴァティカン市国は対外的に永世中立であること、教皇と教皇庁はイタリア国内の政治に影響を及ぼさないこと、カトリックがイタリアにおいて国教に準ずるものであること（カトリック教会の「特別な地位」に関するこの条項は一九八四年の条約改定で削除）などが確認された。

そして、イタリア王国政府から一八七〇年の教皇領没収の補償金としてヴァティカンに九億四〇〇〇万ドルが支払われ、これが現在のIOR設立の原資となった。

正式には一九四二年、教皇ピウス一二世の時に、それまでヴァティカンの資金管理を行ってきたAmministrazione delle Opere di Religione から Instituto per le Opere di Religione へと名称変更、改組された。

IORの設立は第二次大戦中で、ヴァティカンのナチス・ドイツに対する態度が曖昧だったこともあり、戦後、ナチスの戦犯が南米に逃亡する際、IORの資金が流用されたのではないかという根強い疑惑が今も残る。

Annuario Pontificio（教皇庁の省庁、機関、役職などをすべて記載したディレクトリ）によれば、IORの金融資産、運用益は教皇聖座の資産と見なされておらず、そのため教皇聖座の経済担当部局の管轄外となっている。また、ヴァティカン市国の省庁リストを記載したページにもIORの記載はなく、文化関係の機関、財団などのページにその名が見える。

†マネーロンダリングの代名詞

ＩＯＲ関係者をめぐるマネーロンダリング疑惑については、現在も、捜査が継続中だが、世間で最も有名なのは、映画『ゴッドファーザー PART III』で「ほぼそのままが描かれているのでは」として物議をかもした、ＩＯＲの改革に果敢に取組み、在位わずか三十三日で急死した教皇ヨハネ・パウロ一世の死をめぐる一九七八年の事件だろう。

当時、ＩＯＲの資金運用は、主にイタリアの国立労働銀行（ＢＮＬ）子会社のアンブロシアーノ銀行が行っていたが、マフィア、極右秘密結社のロッジＰ２（もとはフリーメイスンのロッジだったが、非合法的活動を繰り返したため破門された）と、そのメンバーである大物政治家、実業家との黒い噂が絶えず、実際、アンブロシアーノ銀行頭取のロベルト・カルヴィはロッジＰ２の主要メンバーで、一九八二年に同銀が破綻した後、逃亡先のロンドンで暗殺されている。

ロッジＰ２は、国際的な武器売買やテロ行為を含む数々の犯罪に関連してその名前が出てくるが、その代表であったリチオ・ジェッリは極右政党イタリア社会運動（ＭＳＩ）の大もので、ナチス幹部たちのアルゼンチンやブラジルなどへの逃亡を助け、アルゼンチンやパラグアイ、ボリヴィアの軍事政権を支援、さらには八十五人が死亡、二百人以上が負傷した一九八〇年のボローニャ駅爆破事件、前述のロベルト・カルヴィ暗殺などを指示したことなどによって一九八二年、逃亡先のスイス、ジュネーヴでイタリアとスイスの裁判所から有罪判決を受け服役した。しかし、その後数回に渡り脱獄と逮捕を繰り返し、その背景には、ジュリオ・アンドレオッティ元首相を含むイタリア政界有力者やマフィアの介入があったと言われている。

ジェッリがジュネーヴで逮捕された前年、彼のナポリの別荘をイタリア警察が捜査した際、すでにフリーメイスンからは破門されたロッジであるはずのP2のメンバーとして、ヴィットーリオ・エマヌエーレ・ディ・サヴォイア元イタリア王国王太子、三十八人の現役国会議員、四人の現役閣僚、興味深いところでは、当時、実業家として活躍していたシルヴィオ・ベルルスコーニ元首相、三十人の現役将軍、有名大学教授らの名前が記載された名簿が押収され、一大スキャンダルを巻き起こした。これを受けてフリーメイスンは、一九八一年一〇月三一日、このリストに名前の挙がっていた人物たちすべてを改めて破門とし、同年一二月、「国民から最も愛された大統領」といわれた社会党のアレッサンドロ・ペルティーニ大統領はロッジP2を「犯罪組織」とし、議会に調査委員会を設置した。

ジェッリは長年に渡って、アンブロシアーノ銀行頭取のロベルト・カルヴィの協力のもと、IORとアンブロシアーノ銀行を経由したマネーロンダリングと不正融資を行っていたが、ついにアンブロシアーノ銀行は一九八一年から一九八二年にかけてイタリア中央銀行による大規模な査察を受けることとなり、十〜十五億ドルに上る使途不明金の存在が明らかになり、一九八二年五月に同銀は破綻した。

カルヴィは議会の公聴会への招聘の直前に、偽造パスポートで国外に逃亡したが、同年六月、ロンドンのテームズ川にかかるブラックフライアーズ橋の下で首吊り死体となって発見された。当初は「自殺」として片付けられたものの、その後も捜査は断続的に行われ、最終的に他殺であると判断された。捜査に協力した元・マフィアの構成員は、カルヴィ殺害の動機はアンブロシアーノ銀行の破綻でマフィアの資金が失われたことに対する報復で、殺害を指示したのはP2のジェッリ代表とマフィアの資金洗浄を担当していたシチリア・マフィアの幹部で「マフィアの財務長官」と呼ばれたジュゼッペ・ピッポ・カロであると証言した。

在位わずか三十三日で急逝したヨハネ・パウロ一世が亡くなったのは一九七八年のことだが、彼は就任直後にIORの改革に取り組むことを正式に発表し、アンブロシアーノ銀行との取引見直し、ヴァティカン内部でマフィア関連資金のマネーロンダリングや不正融資などに関与していると思われたIOR総裁で、マフィアとの関係が取りざたされていたシカゴ出身のアメリカ人大司教ポール・マルチンクス、及び、ジャン＝マリー・ヴィョ国務長官の更迭を決めていたとされる。

ところが、ヨハネ・パウロ一世はヴァティカンの自室で遺体となって発見され、その際、その部屋にあったとされるヴィョ国務長官に対する更迭布告文書が紛失、眼鏡、スリッパ、保管されていたはずの遺言状も行方不明、さらには遺体の発見時刻が偽って発表され、死因がわからないうちから防腐処理が行われたこと、また、ヴァティカン内には住んでいなかったマルチンクス大司教が明け方の不審な時間帯（ヨハネ・パウロ一世の逝去時の前後）に教皇の居室周辺で目撃されていたことなどから、ヨハネ・パウロ一世暗殺説は根強く信じられており、一九九〇年の『ゴッド・ファーザーPART III』では、そのあたりのことがまことしやかに描かれている。

後任の教皇ヨハネ・パウロ二世はIOR改革にはあまり興味を示さなかった（他の課題に熱心に取り組んだということもあるだろうが）ため、マルチンクス大司教はそのままIOR総裁として留まり、アンブロシアーノ銀行との取引も一九八二年に同銀が破綻するまで続いた。その後、アンブロシアーノ銀行頭取のカルヴィが謀殺され、一九八三年には、「アンブロシアーノ銀行の破綻の責任者である」としてイタリア検察からマルチンクス大司教にも逮捕状が出たが、ヴァティカンの外交特権により彼は守られ、そのまま一九八九年までIOR総裁を務め、一九九〇年にアメリカに帰国した。その後、二〇〇六年にアリゾナで死去するまで、彼は一切、これらの問題についての取材を拒否し続けた。

『ゴッド・ファーザーPART III』を制作・監督したフランシス・コッポラ監督は、アンブロシアーノ銀行が配給のパラマウント映画の当時の親会社、ガルフ＝ウェスタン社の大株主だったことから、パラマウントの社内でカルヴィ本人を見かけたことがあったと語っている。映画の中でマネーロンダリングの中心的役割を担う存在として描かれた投資会社「インターナショナル・インモビリアーレ」のモデルは、実際にIORが大株主だった不動産投資会社のインモビリアーレをモデルにしているといわれている。

しかし、この事件をめぐって名前の挙がる様々な著名人の中で、筆者が一番興味を惹かれるのは、ニクソン政権下でアメリカ合衆国財務長官を務めたデヴィッド・M・ケネディ（ジョン・F・ケネディ大統領と血縁関係はない）とマルチンクス大司教との「親密な関係」についてである。CEOを務めたコンチネンタル・イリノイ銀行在籍時にマルチンクス大司教、及び、イタリア、アメリカ両国のマフィアと関係の深い銀行家でローマ教皇庁の財務顧問だったミケーレ・シンドーナと親しくなっている。

ミケーレ・シンドーナは、最終的に、みずからが経営していた複数の銀行が破綻し、調査の結果横領罪で逮捕令状が出たのを受け、アメリカへ逃亡。その後、一九七六年九月にニューヨークで逮捕されている。その後、保釈金を払って自由の身になり、また、逮捕されるといったことが繰り返されたが、最終的には一九八六年、服役中のイタリアの刑務所内で不審死を遂げた。エスプレッソを一口飲んで「毒を盛られた！」と叫び、死んだが、死因は「服毒自殺」とされている。

シンドーナの死については、彼のプリバータ・イタリアーナ銀行破綻で多額の資金を失うことになったマフィアやイタリア政界上層部の報復、及び、マフィアとＩＯＲ、カルヴィ暗殺事件の口封じなどを目的とした暗殺だったという見方が強い。

†グローバルであることの代償

ＩＯＲはその後も主要取引銀行を介してのマネーロンダリングなどの違法な行為が指摘されており、教皇ベネディクト一六世の退位の原因の一つも、ＩＯＲの金融犯罪に関係しているのではないかと言われている。ベネディクト一六世の在位中の二〇〇九年十一月と二〇一〇年九月の二度にわたり、エットレ・ゴッティ・テデスキIOR総裁が主要取引行を介したマネーロンダリングを指示したとの容疑でイタリアの司法当局が捜査を行い、予備的措置として二三〇〇万ユーロが差し押さえられた。その後、テデスキ総裁は二〇一二年五月にヴァティカン銀行総裁の職を罷免されている。

現教皇フランシスコは、二〇一三年の就任直後からヴァティカン内に巣食う金融犯罪と戦うことを宣言、八月にはIORの徹底調査のために金融安全委員会を発足、報告書の提出を命じた。この調査の過程で、サレルノ司教、ヌンツィオ・スカラーノの口座が凍結され、彼を含む三名の関係者が約二〇〇〇万ユーロのマネーロンダリング容疑ですでに逮捕されている。

フランシスコ教皇が、長年行われてきたとされるIORのマネーロンダリング、テロや兵器の取引の資金提供など、金融犯罪の撲滅に立ち向かうと宣言したことはヴァティカン内部でも歓迎されているが、一方でIORはヴァティカン職員の給与の支払いや慈善活動など本来の業務も行っており、今後、IORをどうしていくかについて、フランシスコ教皇は「慈善団体にするべきだという意見もあれば、廃止しろという意見もある」として、どのような組織にしていくのかについての答えはまだ出ていない。

ヴァティカンの金融システムは、歴史的にも、二〇世紀に入ってからも、血なまぐさいエピソードに彩られており、清貧とはかけ離れたスキャンダルにまみれている。しかし、それはヴァティカンに流入する資金が莫大なものであり、その利害に世界各国、世俗の有力者たちと犯罪組織までがかかわっていることを雄弁に物語っている。その意味で、ヴァティカン銀行とも呼ばれるIORは、正に世界的金融システムだといえよう。ちなみにヴァティカン市国内のIORのATMは、世界で唯一カ所、操作画面がラテン語表示となっている。

第２章

知の戦略
——メディアとして不動の座の確立

サン・ピエトロのピエタ（ミケランジェロ作）

ラテン語の標準化

†共通言語の重要性

ラテン語は「世界言語」であるとよく言われるが、その一方で、ラテン語を日常会話で使っている国は存在しない。ヴァティカン市国内であってもラテン語は原則としてキリスト教の儀式用、もしくは、公式文書発布の際の書き言葉であって、僧侶がラテン語で会話しているわけではない。ヴァティカン市国内にラテン語表記による銀行ATMがあるのは、いわばご愛嬌というか、ヴァティカンならではのユーモア精神の発露でしかないのだ。

とはいえ、筆者が子供の頃、カトリックの高齢の修道女が幼い頃に聞いた話として、どこかの教会の会合で偶然、長崎だったか、鹿児島だったか出身の神父と東北のどこかの地方出身の神父が同席して、日本語で話をしようにもお互いの方言が理解の度を越え、ちんぷんかんぷんだったため、やむなく二人はラテン語で会話した……という逸話を記憶している。標準語圏で育った筆者は、鹿児島弁がどのような言葉であるか知る由もなく、その後大学生となって、カリフォルニアで鹿児島出身の日系一世の老人の知己を得て、「ああ、なるほど、これは外国語だ……」と、子供の頃に聞いた話を、しみじみと思い返した。しかしながら、その話を聞いた当初は、神父どうしであればラテン語で会話が成立するということより、「日本のような狭い国で日本人どうしが話をして言葉が通じない」ということに驚いて、そのことが深く印象に残っていた。

もう一つ、中学か高校の日本史の授業、もしくは、どこか歴史的な場所に修学旅行で行った時のガイドの話だったかも知れないが、江戸時代、地方出身の武士の方言の違いは今より顕著で、ほとんど外国語どうしのようなものだったので、江戸で顔を合わせた各地の武士間で言葉が通じず、江戸の言葉に慣れるまでは書き言葉の候文体で会話して互いの意思疎通を図ったという、これも嘘か真かわからないが、似たような話を聞かされた記憶がある。全国ネットのTV、特に、NHKのようなものが存在しなかった時代において、情報の伝達は書き言葉ベースであり、日常会話で話される言葉が広範囲で標準化されることはなかったのだろう。言語は、本来、それぐらい地域によって異なるのがあたりまえという性質を持っているのだ。

日本人の神父どうしでさえも、お互いの方言がかけ離れて通じない場合にはラテン語で会話したというぐらいなので、キリスト教の教理を制定する公会議などで、世界各地の教区から様々な言語の代表が集まる場合、「とりあえずラテン語なら誰もがわかる」という環境があったことは、キリスト教がユニヴァーサルな宗教となる上では不可欠なことだった。今の時代なら、国際的なビジネスや学術会議などにおいて、基本的に発表は英語で行い、レセプションやパーティーの席でも英語で会話するので、母語の他に英語だけできればこと足りる。しかしながらラテン語の場合、会話に用いる言語は、早い段階からイタリア語、スペイン語、フランス語、ポルトガル語、ルーマニア語など、各地域の言語に細分化(方言化)してしまい、話し言葉としての発達、変化は止まってしまっているので、その点において、ラテン語は世界共通語であると同時に「死語」とも定義されている。

ヴァティカンに集まっている聖職者たちはラテン語以外に複数言語を理解するが、まず、ヴァティカンが存在しているイタリアの国語であるイタリア語はみな話せる(話せなくてはならない)ので、書き言葉のラテン語に対して、話し言葉のイタリア語という印象を受ける。日本語にたとえるなら、日常会話の日本語に対して、書き言葉の候文、もしくは、漢文といったところだろうか。

†ヴァティカンにおける言語事情

現代人としては、英語はどこでも通じるだろうというある種の先入観を持ってしまうが、ヴァティカン内部、教皇庁立の大学や研究機関における話し言葉（授業が行われている言語）はイタリア語なので、すれ違う若い聖職者たちは、やはり、ラテン系のフランス語圏（北アフリカ地域を含む）、スペイン語圏（アルゼンチン、チリ、ボリビア、メキシコなど中・南米のスペイン語系諸国を含む）、ポルトガル語圏（ブラジルを含む）出身者が圧倒的に多く、英語は意外と通じない。

大学院の時にアメリカ人の同世代のマーケティングを学ぶ学生たちと共に初めてヴァティカン美術館を訪れてラファエッロ作の『キリストの変容』を目の前にした時、みんなが「あ、これ、本で見たことある〜！　誰の絵だっけ？」と口々に叫び、一人が通りがかった若い神父に「これ、作者は誰ですか？」と英語で尋ねた。その神父は少し困ったような表情を浮かべ、"I cannot speak English"と答えた。誰にでも英語で話しかけるアメリカ人もどうかと思うが、"I cannot speak English"という神父の答えがまるで日本人のようで、筆者としてはこちらの方に面食らってしまった。

しかし、やはり日本人とは違って、一瞬の後に神父は「私はスイス人です。フランス語なら話せますよ」とフランス語で言って、笑顔を見せた。今度はアメリカ人の学生たちが言葉を詰まらせる番だった。そこで「ラファエッロだろう」という確信はあったものの、間違ってもいけないので、やむなく「この絵のアーティストは誰ですか?」と高校レベルのフランス語で筆者が質問すると、神父はにこやかに「ラファエッロ!」と答えたので、学生たちもその名前ぐらいはすぐにわかるので、どよめきつつ「ラファエッロだって」と、口々に繰り返した。

この時、スイス人の神父でさえも英語が通じなかったことと、美術全集や栞などの複製で見慣れていたラファエッロ作のおそろしく美形(女性的?)なキリストの姿を眼前にして、「うわ、本物だ! 本物がこんなところにポロッとかかっている。あっちも本モノだし、こっちも本モノだ……」とひどく動揺し、ヴァティカンとはすごい所だ……と、筆者は強い衝撃を受けた。こういう状況の時、百年前だったら、きっとラテン語でのやり取りになっていたのかも知れない。一九世紀末〜二〇世紀の前半にかけては、イギリスだけでなく、アメリカでも東部名門校の人文系では、ラテン語教育は盛んだったのだ。

この時の体験で興味深かったのは、「国際的である」と思っていたヴァティカンで英語を話しているのは主に観光客ばかりで、観光立国のイタリアでも、英語は必要最低限しか通じないということ、また、たまたま一緒にいたアメリカ人学生のグループにカトリック信者が一人もおらず、ユダヤ系が多かったため、ラファエッロの描いたテーマが何だかわからないというので、日本人の筆者が「キリストの変容」について説明するはめになったことだ。余談になるが、母から聞いた「ヴェニスで若いゴンドリエーレがリクエストされたオー・ソレ・ミーオを歌えなくて、たまたまそこにいた観光客の日本人のおじさんが月明かりの下、朗々と見事に歌ったため、あたりにいた他の舟が続々と聞きに集まってきて、最後まで歌い終わった際には、他の舟に乗っていたドイツ人やアメリカ人から拍手喝采が沸き起こった」という話と共に、この体験は「ちょっと意外な展開」として印象に残っている。

ユダヤ教徒はキリストを認めていないので新約聖書を使わないし、一方でプロテスタントの一部は旧約聖書をほとんど使わない。「キリストの変容」は新約聖書のマタイ、マルコ、ルカによる福音書に記載されている出来事だが、神秘的な内容は、プロテスタントよりカトリック好みといいえ、カトリックの人であればすぐ説明できる内容なのだが、プロテスタントの子たちに「なんだっけ、それ?」とか「そんなの知らない」と言われて、同じキリスト教でも教派によっていろいろ違うのだということを、その時、初めて明確に認識することとなった。

この時以来、キリスト教は基本的にユニヴァーサルであると同時に、教派ごとに違うことも結構あって、みんな「他の教派も同じだろう」と思い込んでいるのだが、冠婚葬祭や何かの行事で他の教派の教会へ行ってみると、実際にはぜんぜん違っていてびっくりするというアンビヴァレントさを絶えず感じるようになった。

†「死語」ゆえの強み

ヴァティカン市国の公用語はラテン語で、僧侶たちは今もラテン語を勉強し続けている。ミサなどの典礼で使われるミサ曲はラテン語で歌われるし、ヴァティカンが発布する公式文書のほか、医学、法学、そして、動・植物をはじめとする多くの学術名は今もラテン語で表記されている。そういう意味ではラテン語は標準化された世界言語なのだが、それだけの理由で「世界唯一の共通語」と言い切ってしまうには、説得力に欠けるような気がする。というのは、キリスト教世界ではもう一つの必須言語であるギリシャ語の存在があり、初期のキリスト教の公会議では、明らかにギリシャ語が公用語とされていたからだ。

ギリシャ語もまた、その語彙は多くのヨーロッパ系言語に取り入れられており、民主主義（democracy）、哲学（philosophy）、天文学（astronomy）、数学（mathematics）、物理学（physics）など、英語の語源となっている。そして、ラテン語と並び、新たな学術用語を定める際のよりどころとされ、「〜学」を指す、もともとは「談論すること」を意味する「-logy」はギリシャ語由来ということになる。

ラテン語で「すべて」、あるいは、「ひろく、あまねく」を意味する際には「omni」という接頭語が使われ、公共の乗り合いバスをomnibus（誰もが乗れる馬車）、神が全能であることはomnipotensと表現し、クリスマスになると歌われるヘンデル作『メサイヤ』の誰もが知っている英語の「ハレルヤ・コーラス」の中にも"for the Lord God Omnipotent reineth（全能の主なる神にハレルヤ）"という歌詞が出てくる。

一方で、私たちがよく耳にする伝染性疾患が爆発的に広まる状態を意味する「パンデミック（pandemic）はギリシャ語由来で、pan（すべて）＋-demo（民衆）＋-ic（語尾を形容詞化）、あるいは潰れてしまった航空会社、パンナム（Pan-American World Airways）のパンアメリカンとは「全米の」という意味で、政治的立場で“Pan-Americanism”というときには汎米主義による立場を指す。

このような状況は、漢文由来の漢字が日本語のひらがなの合間に埋め込まれて使われていることと似ており、英語の語源にギリシャ語由来とラテン語由来が多いのは、これらの語源となっている表現や単語を擁するギリシャ語とラテン語が、共に日本語における漢字と同じような性質、役割を果たしていることを示している。

なので、実際には、ラテン語だけが共通語・共通語源として存在しているわけではないのだが、そんな中で、なぜラテン語がわざわざ「世界共通言語」ともてはやされるのか、その理由を考えてみると、実は、ラテン語が「死語」といわれるように、日常会話には使われない、発展の止まった言語であることがプラスに……というか、絶対的有利に働いているのではないかと考える。要するに、ギリシャ語もラテン語も、実は、現在の英語のようなグローバル言語として定着していたのだが、ギリシャ語は今に至るまで日常的に話され続けているため、その文法や使い方は時代と共に変化を続け、時代に応じた新しい形容詞などの語彙がどんどん増えるが、ラテン語のほうは日常会話で話されないが故に、ある時代のラテン語がそのまま保存され、その文法の規則性さえ覚えてしまえば、なんとか使いこなすことができて大変便利というわけだ。

モーツァルト（オーストリア）、ヴェルディ（イタリア）、フォーレ（フランス）……と作曲家の出身地や母語がまったく違っても『レクイエム』であれば、ラテン語の歌詞に書かれていることはまったく同じ（どこを繰り返すかなど、微妙な違いはあるにせよ）で、現代の作曲家であってもラテン語のミサ曲を書くとなれば、同じ歌詞が使われる。もっと単純な例を挙げるなら、『アヴェ・マリア』と聞けば、世界中の多くの人が「聖母マリアを讃える歌」であるということを自動的に思い浮かべる。それほどまでにラテン語は、定型化された文章として伝承されており、口語ではなく、しかもキリスト教の典礼に用いられる言語であるがゆえに、誰かが「今回は、ちょっと新しい表現を使ってやろう」などとは思わず、そのままのカタチが保存されることになったのではないだろうか。

我が国の伊勢神宮では技術の保存と伝承のため、定期的に社殿を取り壊しては立て替える神宮式年遷宮が行われているが、ラテン語は、多くの人たちが定型を保ったまま、ある時代の文法と用法を継承しているので、その言語版のようなものといえるかもしれない。

†ラテン語ユニヴァーサル化の経緯

それと、これは個人的な印象に過ぎないかも知れないが、ギリシャ語はギリシャ文字を覚えることからして厄介で、ラテン語と比べて修得が「難しいに違いない」という印象を与えるのではないか。そのため、口語ベースでギリシャ語が使われていたキリスト教初期の段階、また、東ローマ帝国、ヘレニズム世界の共通語として広くギリシャ語が使われていた時代の公会議でギリシャ語が使われていたのはともかく、聖書がまずギリシャ語に統一され（それ以前はヘブライ語やアラム語が使われていた。新約聖書の大部分はコイネーという口語ギリシャ語で書かれており、コイネーとは、正に、共通語といった意味である）、それから四世紀になってヒエロニムスが取り組み、四〇五年頃に完成したとされるラテン語版 Vulgata（ウルガータ）以後は、ラテン語が優勢になったようだ。ウルガータは何度かの改訂を経て、二〇世紀まで使われることになったラテン語訳聖書の基本とされるもの（一九六〇年代半ばの第二ヴァティカン公会議で表現をわかりやすくすることが採択され、それを受けて日本においては差別的表現の言い換えなどが行われることになった)で、ヨハネス・グーテンベルクが活版印刷の技術を確立した一四五五年以後、以前とは比べものにならないほど広く流通した。

この段階の聖書研究とは、入手しやすくなったラテン語によるウルガータをギリシャ語版やヘブライ語の聖書とつき合わせて誤訳がないか検証することが中心だったため、聖職者は母語以外にラテン語もギリシャ語(さらにはヘブライ語)も理解することが必要とされた。グーテンベルクによってラテン語ウルガータの印刷版が出る以前、聖書は手書き写本だったので、ラテン語聖書の印刷版が出たことによるギリシャ語に対するラテン語の数の上での優位は決定的なものとなった。これに対してギリシャ語版聖書は、ラテン語訳の原典(唯一のギリシャ語原典があったわけではなく、様々なギリシャ語版があったわけだが)として、参照元となったために、学術的な意味ではラテン語の上位に位置付けられ、より専門性の高い言語と見なされるようになったようだ。実際、現代でも、教会ではラテン語をギリシャ語より先に学ぶし、ラテン語をある程度理解できる人の中でも、ギリシャ語聖書を読める人の数は極めて少ない。

ラテン語がユニヴァーサル言語となった経緯においては、聖書のラテン語版が印刷物として世に出たことが大きな転機となっており、また、近年に至るまで学問をする際、ラテン語が必須（現在なら、さしずめ、論文は英語で書かないと読まれないということと同じ理由）であったことから、「分類学の父」と呼ばれる一八世紀スウェーデンのカール・フォン・リンネが著書『自然の体系』（Systema Naturae）で、生物の学名を属名と種小名の二語のラテン語で表す二名法（または二命名法）で体系化することを提唱し、動・植物の学術名は現在に至るまで、基本的にラテン語をベースにしてつけられている。法学、医学用語なども同じように、ラテン語起源、ギリシャ語起源のどちらかであるのは、いずれも専門的な学問であり、学者たちの母語は違っても、概念を共有するために共通の言語を持つことは合理的な判断であった。

ちなみにパリにはカルティエ・ラタン（Quartier latin）というエリアがあるが、直訳するとこれは「ラテン地区」だが、具体的には「ラテン語を話す人たちの地区」という意味で、パリ大学をはじめ、大学と大学付属図書館がこの地区に集中しており、「ラテン語を勉強しているインテリが集まる地区」という意味になる。イエズス会の創設者の一人であるイグナチオ・デ・ロヨラもパリ大学で神学を修めているが、ラテン語と神学、学問全般は長年にわたって切っても切れない関係にあるというわけだ。

†ラテン語の存在意義

キリスト教がその黎明期から多言語化された理由は、パレスティナという民族や言語が複雑に入り交じった文化圏にその端を発することによる部分が大きいだろうということは、すでに述べてきたとおりである。そのため、初期のキリスト教にかかわった使徒や教父たちが、話し言葉として複数の言語を操ったことは想像に難くない。それは、現在でも、ドイツ語圏、フランス語圏、イタリア語圏に国境を接するスイス人が複数言語を理解し、フランス語圏カナダ人の多くが英語を話し、スウェーデン人とデンマーク人が相互の言葉を理解するのと、基本的には同じことだろう。しかしながら、ラテン語の存在がユニークなのは、日常会話としてのバイリンガルやマルチリンガルなどとは異なり、あたかもそれら複数の言語の上位概念であるかのように、宗教、学術などの明確な目的のために特化して使用される点にある。

このような言語のあり方について、一九世紀末のギリシャ人作家で、複数言語に通じた趣味人のエマヌエル・ロイデスは、ある社会において二つの言語が互いに異なる機能を持って使い分けられていることを「二つの言語を使いこなす状態」を意味する“διγλωσσία”という言葉で解説し、これを聞いたフランス人ギリシャ語学者らは、バイリンガルを意味するフランス語の“bilingue”とは異なる概念として、“diglossie”というフランス語表記を新たに定義した。

後に二〇世紀アメリカの言語学者チャールズ・A・ファーガスンは「バイリンガルは個人レベルだが、ダイグロシア（フランス語のdiglossieを英語化したのがdiglossia）は社会レベルで行われ、制度的な教育を通して修得され、宗教や学問、行政など公的な意思伝達のために用いられる」と述べている。筆者はこのファーガスンの説明こそ、ラテン語が現代社会におかれている状況を説明するのに最もふさわしいものではないかと考えている。

ラテン語が話し言葉としては死語になっているにもかかわらず、「世界共通」の書き言葉として今も重宝されている最大の理由は、言語として完成している（生きた言葉としての発達を止めている）ことにあり、儀式や一定の法則に基づく学術名への利用においては、それがむしろ好都合なのだ。これ以上変化することがないからこそ、世界の遠く離れた場所で、何年かの時差があっても、まったく同じ文法・語彙で学び、誰もが同じように使うことができるのである。映画『テルマエ・ロマエ』では、ラテン語おたくの現代日本人女性が古代ローマ人とラテン語で会話している設定だが、もし、人が地域だけでなく、時空を超えて移動することがあるならば、ラテン語は、当時の流行語表現を除けば、おそらくは、実際に通じることだろう。

その意味でラテン語は、真に標準化されたユニヴァーサル言語であり、これからもキリスト教会がラテン語を使い続ける限り、もしくは、そこでの典礼、あるいは、単なる古典音楽として演奏されるミサ曲の言語がラテン語である限り、その利用と存在意義は不変だろう。

†ギリシャ哲学を咀嚼し取り入れたキリスト教

ギリシャ語とラテン語のかかわり、ギリシャ哲学とキリスト教神学の関係、ヨーロッパ諸言語とギリシャ語、ラテン語の関係を説明しはじめると、複雑な迷路から出られなくなってしまうので、本書ではこれ以上論じることはやめにしておく。しかし、ギリシャ哲学とキリスト教神学は、中には相反する考えも当然あるものの、両者は二本の紐をなった縄のように複雑に絡み合って、連綿と続く一つの思想体系の太い幹となり、枝葉を延ばして現在に至っているのだ。

「始めに御言葉ありき。御言葉は神とともにあった。御言葉は神であった（in principio erat Verbum, et Verbum erat apud Deum, et Deus erat Verbum）」の「御言葉」とは、ギリシャ語でいうロゴスのことである。ロゴスは、概念、意味、論理、説明、理由、理論などを表し、ヘラクレイトスは、絶えず流動する世界をつなぐものがロゴスであるとした。ロゴスという言葉・概念は、キリスト教が発展を遂げるヘレニズム期にストア派哲学の中で盛んに議論され、キリスト教の体系化の過程では「異教的」とされる部分を抱えながらも、大きな影響を与えたのである。

　ギリシャ語とラテン語、ギリシャ哲学とキリスト教神学の関係は複雑に絡み合っており、ギリシャ語はその言葉と元来は不可分であった思想・哲学をキリスト教神学にその大部分を譲り渡し、思想・哲学を取り去ったギリシャ語は生きた日常のコミュニケーション・ツールとして、今日に至るまで発展を遂げた。現代ギリシャで話されている言葉は古代ギリシャ語とはかなり違うが、教養人であれば古典を理解することができるといわれているのは、日本語と古文の関係のようなものだからだろう。

一方、ギリシャ語が構成した思想と哲学を受けとめたキリスト教は、聖書のラテン語訳、何度となく繰り返された公会議の議論の中でこれらをキリスト教として標準化し、教理の中にそれらを散りばめていった。それらがラテン語を経て、世界各地の口語にさらに訳されてゆく中で、ギリシャ由来の哲学思想は完全にキリスト教の一部となり、ラテン語は生きた言語としての役割を取り去られ、その教えに基づく儀式を執り行う型式の一部となった。

映画『ハリー・ポッター』に見られるホグワーツ魔法魔術学校で教えられている呪文や、悪魔払いをテーマにしたエクソシストたちの儀式の言葉がすべてラテン語であることは、その都度、にやにやさせられてしまう。魔術はキリスト教では禁じられているはずのものだし、悪魔ともあろうものがラテン語しか理解できないなどということはとうてい信じ難いのだが、その謎めいて厳かな響きが、悪魔ではなく、私たちの心を魅了するのだろう。悪魔は、もともと天使だったわけで、いかなる言語でもコミュニケーション可能なはずだが、悪魔払いの映画がつくられる際には、将来的にもラテン語が使われ続けることだろう。

世界最大のベストセラーの版元という強み

†聖書はバイオレンスファンタジー？

出張などの際にホテルに泊まって、ベッド・サイドの引き出しを開けると、なぜか必ず聖書が入っている……そんな経験はないだろうか？

これは国際ギデオン協会という、アメリカ、テネシー州ナッシュビルに本部を置く、キリスト教系非営利団体が一八九九年の創設以来、熱心に取り組んで来た活動の賜物である。我が国においても一九五〇年以来活動を続けている一般財団法人日本国際ギデオン協会が神田駿河台に本部を構えており、日本国内だけでも一五五の支部を持つまでの規模になっている。

国際ギデオン協会は、日本を含む世界一八八カ国において活動する、キリスト教徒のビジネスマン、医師、弁護士、会計士などのプロフェッショナルが参加するメンバーシップ・オーガニゼーションで、活動の原資はこれらのメンバーの会費、寄付などによってまかなわれている。彼らの活動の目的は「人類最高の文化遺産の一つである聖書が古今東西の人々の精神生活をささえてきた事実に鑑み、この貴重な書物の配布・贈呈を通じて、明るい社会の建設に寄与しようとする（日本国際ギデオン協会のウェブサイトから引用）」ことだという。

国際ギデオン協会は一八九九年の創立以来、総計一四億九〇〇〇万冊を超える聖書を、ホテル、病院、大学などの学生寮、刑務所、兵士、警察官、病院の看護士たちに配り続けてきた。目的を決めると、使命感をもってひたすらミッションの実現のために着実に行動するアメリカ人たちが始めた活動ならではの成果だが、一四億九〇〇〇万冊という数字には目を見張らされる。もし、これらの原価が一ドルだったとしても、一四億九〇〇〇万ドル（円ではない！）を費やして、百年以上の時間をかけ、聖書は世界へと届けられて行った。しかも、この冊数は、一民間団体の実績によるものだ。聖書はこのほか、世界中のすべての図書館にあり、キリスト教圏の家庭には、通常、家族の人数全員ぶんの聖書が購入されており、さらにはカトリックだけでも世界中に二五〇〇に及ぶ教区があって、各教区には複数の教会があるわけだが、これらの教会では収容人数に合わせた数の聖書が完備されている。しかも教会や図書館に設置された聖書は多くの人が使う、いわば消耗品なので、全世界で毎年購入されている聖書の総冊数は宇宙的な規模となる。聖書は、どんな時代にも廃れることのない、世界最強、かつ、歴史的にも最強のベストセラーなのだ。しかも、聖書は決して安くない！

日本で聖書を専門的に扱っている一般財団法人日本聖書協会が販売している新共同訳の新約聖書の価格を見てみると、詩編などが付録としてついていない最もシンプルな小型、A6判は税込で五二五円からあるが、A5サイズのスタディ版は税込三一五〇円だ。この価格は、ビジネス関係の新書や通勤電車の中で読む文庫本と比較して、決して安くないが、「聖書は一生使うものだから」と、キリスト教徒のファミリーやミッション・スクールに子供を通わせる親たちは、特に抵抗感なく、これらを購入する。

また、時代に敏感なキリスト教会なので、最近はマンガ版の聖書、「聖書の世界をバーチャルツアーで体験する」ソフト、新共同訳の iPhone 版なども出ており、これらがことごとく「安くない（あえて高いとは言わない）」のだ。『だれでも聴いて読めるギリシャ語聖書 Ver. 1.1（CD-ROM 1枚）に至っては、なんと二万一〇〇〇円、ヘブライ語旧約聖書は通常のクロス装のものが、読み方（発音のしかたも）さえわからないのに、概ね一万円前後である。iPhoneで読める「新共同訳」のアプリ、『モビリス（モバイルをラテン語化するとこうなる……）聖書』は三〇〇〇円で、紙版の聖書よりもむしろ高めの価格設定は、普及のためにアプリを安く設定して、デジタル世代がイッキにこちらへ流れるのを防止することを目的にしているのか、心憎いばかりに戦略的な金額だ。

そして、マンガ版の聖書を筆者は見たことはなかったのだが、これもiPhone、iPod Touch、iPad対応のアプリで、アイコンは長髪イケメンのキリストのポートレートに「Manga Bible 聖書」という文字が重なっており、スクリーンショットはトップ画面の『新約聖書I　救世主〜人類を救いし者』というタイトルと、ややゴツい感じ（マッチョ系?）のフード付きの衣をまとったキリストがフィーチャーされており、ヴィジュアル的には『ゲーム・オブ・スローンズ』とか『アロー』のような印象で、スクリーンショットだけ見せられて「RPG系のゲーム・ソフト」だと言われたら、誰も何の疑問も持たないだろう。

この「Manga Bible 聖書」は二〇一一年の十月リリースだが、パイロット的なプレヴューは無料でダウンロードでき、本編はアドオン：八〇〇円で買わせようという、これもアプリの売り方を熟知した構成となっている。ユーザのレヴューを見てみると、「絵もきれいだしこれで最後まで読めるなら買おうかとも思いますが、「聖書1」とあるので聖書2や聖書3もあるのだとしたら八〇〇円ではすまなさそう」といったコメントが見え、その後、新しいアドオンはまだ出ていないので、おそらく出版元では今後のマーケティングについて、注意深く反応を見守っているところなのだろう。

このソフトのApp Storeによるレーティングは「9＋」……「まれ／軽度　アニメまたはファンタジーバイオレンス」となっており、言われてみればキリストの磔刑場面では衣服を裂かれたキリストが鞭打たれ、茨の冠を被せられて顔面血まみれ（しかも、イケメン）となり、最終的には衣服をはぎ取られて十字架に直接手の平をクギで打ち付けられるのだから「バイオレンス」に他ならない。トップ画面のスクリーンショットを見る限り、「脱いだらすごいんです」な肉体を想像させるキリストなので、ちょっと楽しみだったりもするが、物語としてのキリストの生涯は、「キリスト教」という宗教の文脈を離れると「ファンタジー」であり、「バイオレンス」なのだと妙に納得して、なるほど……と感慨深いものがあった。

聖書が永遠のベストセラーであり続ける理由は、人が生きる上での指針となる示唆に富んだ普遍的内容だからというだけでなく、ちょっと「いけない」ことを想像させる描写もそこかしこに埋め込まれており（あえて削除していないとでも言おうか）、「聖書」としてではなく、イエスという一人の人間のドラマとして、俗人である我々に想像力を働かせる刺激を与えてくれることもあるかもしれない。そういう意味で聖書は史上初のファン・ベース・マーケティング（fan based marketing）を喚起するコンテンツであり、実際のところ、ヴァティカンが認めない「偽典・外典」という「キリストはこういうことをした」という、多くは想像の産物による物語がすさまじい数存在しているのを見ると、日本のコミケの世界にも通じる何かを感じ取らずにはいられない。

偽典・外典も「資料」として主立ったものは編纂・出版されており、筆者も高校生の頃、大枚をはたいて購入したが、「キリストは、実は、マグダラのマリアと結婚していた」という、『ダヴィンチ・コード』にも出てくる比較的健全なエピソードから、「イエスが最も愛した弟子」とされる使徒ヨハネをめぐって、『ダヴィンチ・コード』では「ヨハネは、実は、マグダラのマリアだった」という説を取っているが、イエスとヨハネが男どうしであったならば「同性愛の関係にあったに違いない」説やら、もう、大変な妄想の世界が繰り広げられていて、興味深いことこの上ない。

実際、この「イエスが最も愛した弟子」は誰で、本来、平等を重んじるキリストと使徒たちの関係において、彼だけが特別に「愛された理由」が何であったのかは真面目な神学論争のテーマにもなっている。カトリックでは一般的に、その理由を「ヨハネは童貞であったから」と唐突に結論づけ（最近ではもっと違う表現が使われているかも知れない）ており、これが世界の名だたる神学者たちが集まって議論した結果だとすると、腐女子、腐兄ならずとも、少なからず興奮に値することではないだろうか。

少し解説を加えると「ヨハネ童貞」説は、彼が他の使徒たちと比べて遥かに年下であったと想定されるために、そのぶん「穢れが少ない」という意味でしかなく、その「穢れの無さ」をキリストは愛されたのであろうという論理なのだが、それを「童貞であったから」と一言で片づけられてしまうと、いろいろと他のことを考える人が出てくるのもやむを得ないことだろう。

実際、新約聖書のヨハネによる福音書、第一三章二三節〜二五節に「イエスが愛しておられた弟子」が最後の晩餐でその「おん胸によりそって（よりかかってというバージョンも）」席についていたという表現がある（これを訳出していない聖書もあるとのこと）ため、だいたいミッション系の女子校では伝統的にこの話で大いに盛り上がり、そのせいばかりとは言い切れないが、BL系のマンガ家や作家は、明らかにミッション・スクール出身者が多いようだ。「おん胸によりそう」とは、具体的にどういう状態なら可能か（ユダヤでも古代ローマのように半ば寝そべって食事をしたとされる）を検証した経験のある女子も少なくないことだろう。

ヨハネによる福音書には「ユダによる裏切り」をキリストが予言する場面の直前に、弟子たちのリーダーであるペトロがキリストの一番近くにいる「愛されている弟子」に「裏切り者は誰か」を聞くよう合図を送って、それに気づいたヨハネが「おん胸によりそったまま」、「主よ、それはだれですか？」と尋ねたと書かれている。一二人いる弟子たちの中で最年少、そして、いわばロック・スターのような人気者のキリストに最も愛されているという公認の存在であるヨハネ……は、思春期の女子にとっては自己同一視の対象となる。このカトリック系女子たちに見られる現象は、日本だけでなく、ユニヴァーサルで、スペインや南米のカトリック圏、フランス、ドイツのカトリック圏でも日本のBLアニメが爆発的に支持されている事実は興味深い。

ちなみにダヴィンチの最後の晩餐でも、このペトロに「裏切り者は誰か」を聞くようヨハネが指示された瞬間の情景を忠実に描いた（ルネサンス期のイタリア人であるダヴィンチが描いているので、テーブルに着席した状態のため、ヨハネはかなり無理のあるポーズで描かれている）構図となっており、一般的に使徒ヨハネは、若く、女性的で髭の無い紅顔の美少年として描かれ、筆者は気にもとめていなかったが、ルネサンス、バロック期の絵画ではヨハネの着ている衣も赤やオレンジなど、他の使徒たちとは区別して「女性的」な色調で描かれるのが伝統的とされている。ルネサンスの頃も、芸術家には同性愛者が多かったと言われているので、彼らがそうしたディテールに注意を払ったということにも頷ける。

†聖書の歴史

ラテン語化された聖書は、その後修正を繰り返し、世界各国の口語にも翻訳されることとなったが、聖書は現在、何カ国語ぐらいで出版されているのだろうか？　非営利のキリスト教信仰に基づく少数言語のための組織、国際ＳＩＬ（ＳＩＬインターナショナルとも訳される）の二〇〇五年の発表によれば、なんと二四〇〇の言語に翻訳されているという。そもそも二四〇〇も言語が存在するということに驚かされるが、ＳＩＬによれば、現在、存在が確認されている言語は六九〇〇ほどもあるそうだ。聖書が出版されている二四〇〇の言語の内訳は、アフリカ：六八〇、アジア：五九〇、オセアニア：四二〇、ラテンアメリカとカリブ海地域：四二〇、ヨーロッパ：二一〇、北アメリカ：七五とされている。

聖書の翻訳については、「偽典・外典」が存在することに触れたとおり、何を正典とするかをはじめ、これも、また、長きにわたる議論の対象となってきた。本来であれば、オリジナル言語による原典（ヘブライ語、ギリシャ語）からの訳出が翻訳の望ましいカタチであるわけだが、四〇五年頃に完成されたとされるヒエロニムスによるラテン語翻訳のウルガータが約千年の後、一五四五年から始まったトリエント公会議で「公式ラテン語聖書」として定められたこともあって、カトリック教会においてはラテン語の聖書こそが聖書であるといった考えが長く続いた。ヒエロニムスは多くのキリスト教派において聖人と認められている人物なので、その翻訳を批判することじたいが不敬罪であり、冒瀆とされたため、ウルガータは他の翻訳を排除する要因になり、ある意味でキリスト教の学問的な発展を阻害し、もしかすると、それはラテン語の死語化へもつながったかもしれない。

また、「ラテン語を理解できる階級の人たち」の間にのみ聖書を留め、庶民には聖書の勝手な解釈を許さないというヴァティカンの態度は、後にプロテスタントとなる聖職者たちから強い反発を招き、宗教改革へとつながっていくことにもなった。

一五二一年にローマ教皇から破門されたマルティン・ルターは宗教改革の創始者で、プロテスタントの立役者とされるが、彼の新約聖書のドイツ語訳はウルガータではなく、ギリシャ語の原典に準拠したものだ。また、イギリス人のウィリアム・ティンダルは、ギリシャ語、及び、ヘブライ語から英語への聖書の翻訳を試みるが弾圧を受け、ヨーロッパ中を逃亡しながら翻訳を続けたものの、一五三六年逮捕され、異端者として火炙りの刑に処されている。その際、「神よ、イギリス国王の目を開きたまえ」と叫んだとされている。その後、英国では、ジェームズ一世の治世の一六一一年に欽定訳聖書（King James Version、もしくは、Authorized Version）が英訳聖書として出版されたが、「王命による翻訳」とされながらも、実際にはその八割程度にウィリアム・ティンダルの訳が反映されているという。

日本語版の聖書はどのような翻訳の経過を辿っているのかというと、筆者が子供の頃、初めて購入した新約聖書はドン・ボスコ社のもので、カトリック教徒向けの聖書であったことから、ラテン語のウルガータに基づき、他言語の聖書も参照したとされるフェデリコ・バルバロ神父の訳によるものだった。ただし、筆者が持っているのは、カトリック教会もヘブライ語やギリシャ語の聖書から各国翻訳を行うことが認められた第二ヴァティカン公会議以後の方針が反映されたエディションとなっている。

日本のカトリック教会では、フランシスコ会聖書研究所が新約聖書の「原文校訂による口語訳」を一九五八年から分冊で発行しはじめ、一九七八年に完成を見た。また、この年には、これも第二ヴァティカン公会議以後の方針でプロテスタントとの対話が奨励された成果か、カトリックとプロテスタントの共同訳聖書も発売されることとなった。その後、一九八〇年、バルバロ訳聖書の版権がドン・ボスコから講談社に移り、この時、バルバロ神父は旧新約聖書の翻訳を見直し、新約聖書の本文にもかなり手を入れたため、同じ「バルバロ訳」でも、ドン・ボスコ社版と講談社から出ているものとは、微妙に表現や記述が異なっているようだ。

カトリック教会は現在、一九八七年に日本聖書協会から発売された新共同訳聖書、また、二〇一一年に出版されたフランシスコ会訳聖書の旧新約合本などを推奨している。

聖書の翻訳は、ラテン語版や英語版、フランス語版などからの翻訳も沢山出てはいるが、新たな翻訳のプロジェクトが発足する場合、原典を参照することが求められ、キリスト教会が世界にまたがる組織であり、著名な聖書学者や聖職者が世界に散らばっていることもあり、訳語を決めるための議論は複数言語で繰り広げられることがしばしばだ。

聖書には、ヨハネによる福音書について述べたところで引用したように、「第一三章二三節〜二五節」といった、特定箇所を示す番号がついている。このタイトル、章＋節の表記は言語が変わっても決して変わることのない、いうなれば、聖書の一文ずつにつけられたマーカーである。

聖書は世界最大のベストセラーであり、また、世界で最も多くの言語に翻訳された書物である。そして、世界で最も研究されている著作物ということもいえるだろう。そのため、たとえどんな言語に翻訳されても「第一三章二三節〜二五節」といえば、そこに何が書かれているか……を一瞬にして理解でき、それを前提とした議論を始められるのだ。こんな合理的なロケーション・システムをコンピュータのない時代に考えるとは凄いものだと、筆者は思ってゾクッとしたが、考えてみると、実際には逆で、コンピュータのシステムを考えたエンジニアたちのほうが、聖書やラテン語による分類法を参照して、今のデータベースやネットワーク上の検索システムは成り立っているのである。そして、エンジニアたちはしばしば「ジェネシス（創世記）」といった、旧約聖書、あるいは、キリスト教神学に取り入れられたギリシャ語由来の名前を自分の開発したシステムやソフトウェアにつけているが、これは、正当な理由のあることなのだ。

世界初のグローバル・メディア

†教会はテーマパーク

日頃から宗教には一切興味がなく、冠婚葬祭でもない限り仏教には縁が無いという人であっても、京都で三十三間堂へ行ったり、奈良で東大寺を訪れたり、古都・鎌倉で古いお寺を訪問すると、なんとなく厳かな気分になるということがあるのではないだろうか。あるいは、出雲大社や春日大社など、格式の高い神社の参道を歩くだけで、他とは異なる張りつめた空気を肌に感じて、いつもとは違った敬虔な気持になったという経験があるのではないだろうか。

同じように観光旅行で訪れたヨーロッパで、歴史ある古い教会に一歩足を踏み入れると、キリスト教徒でなくても、足音に注意して、話をするのもひそひそ声になり、祈りを捧げている人たちには自然と気を遣うようになるだろう。洋の東西、宗教の如何を問わず、「祈りの場」とは、人の心にそういう効果をもたらすものだ。逆にいうと、祈りの場を設計する建築家たちには、そういう効果、演出が期待されたというわけである。

ヨーロッパの聖堂はしばしば「劇場空間」のようだと形容されるが、天に届けといわんばかりにそびえる鐘楼や大がかりな外観。一歩中に足を踏み入れると、自分がいかにちっぽけな存在であるかを思い知らされる、人間のスケールを超えた高い天井。そして、昼でもほの暗い聖堂内部に高い位置の窓から差し込んでくる光とステンドグラスの演出、音が複雑に乱反射する残響音の長さ。キリスト教は本来、偶像崇拝を禁じる宗教なのだが、カトリックであれば、祭壇にはキリストや聖母、使徒たち、その聖堂ゆかりの聖人の巨大な絵画が祀られ、しばしばそれらは金箔をほどこした派手な額縁で飾られている。

たとえば日本人が大好きな『フランダースの犬』で、長い苦難の末に少年ネロと愛犬パトラッシュが召される最後の場面の舞台となるアントワープ大聖堂には、少年ネロが一目見たいと憧れ続けていたルーベンスの大作が置かれているが、バロック期の絵画はおしなべて巨大であり、日が暮れた後、ゆらめく蠟燭の灯りで見上げるこうした絵画には、何か神秘的な力が宿っているかのように見えるものだ。

教会には、信徒が神と霊的な交流をするために「その気になりやすい」環境が必要で、特に聖書がラテン語で一般庶民に読めなかった時代においては、聖書の物語は絵画によって代弁され、インパクトのある宗教画の果たした役割は、いわばハリウッド映画のようなものであった。あるいは、様々な趣向や演出の施された「テーマパーク」のようなもの……と言っても良いかもしれない。

†好奇心をくすぐる「教育用コンテンツ」

カトリックの寺院には、必ずどこかにキリストが捕らえられてから磔にされるまでを描いた一二枚の「十字架の道行き」というシリーズや、その他にもキリストの誕生から生涯を終えるまでの様々なエピソード、使徒たちの活躍を描いた作品、また、殉教聖人が正に処刑されようとして、ペンチのようなもので舌を抜かれているシーンや、生皮を剝がれている場面など、スプラッター系B級ホラー映画顔負けの作品も掲げられている。

筆者の通ったフランス系カトリックの学校付属の礼拝堂の壁面にも、一二枚の「十字架の道行き」が掲げられていたが、ご多分に漏れず、キリストは長髪、色白、美髭のイケメンで、なぜかそのイケメンが捕らえられ、無抵抗のまま鞭で打たれるなど拷問され、血まみれになりながら、息も絶え絶えに十字架を担いでゴルゴタの丘をのぼり、最終的には衣服をはぎ取られ、かろうじてパンツ一丁で十字架に磔にされるというストーリーはシュール過ぎて、一方、絵画のイメージとしてはリアルに過ぎ、子供心にも「パンツ一丁の三〇歳前後の白人男性」の姿はあまり「宗教的」とは思えず、「一体何を伝えたいのか。なぜ修道女らを含む聖職者たちはこのような絵画を有難がっているのか……」と、大いに疑問を感じたものである。

ヨーロッパの教会にはキリスト以外の聖人……たとえば『聖セバスティアヌスの殉教』などの例でも、明らかに「やり過ぎ」、もしくは、「単に裸の若い男を見たかっただけなのでは」と思われる絵画や彫刻もあって（さすがに女性の聖人のリアルな拷問シーンやヌードはほとんど見かけない）、注文主の趣味なのか、受注した側の画家の問題なのか、困惑するような構図のものも少なくない。注文主の意向に添わぬ場合は、受け取りを拒否されるはずなので、こうした絵画が教会に収まっているということは、少なくとも、発注者と受注した芸術家の間で、コミュニケーションに齟齬はなかったということなのだろう。

日本で見ることのできる仏教の地獄草紙絵なども同じだと思うが、無学で愚直な庶民に道徳を教え、ついでに救済を与える聖職者にお布施を施したくなるよう促すには、もっぱら「悪いことをすると地獄に落ちて、こんな目に遭うのだぞ」ということを、これでもかと言わんばかりに繰り返して言い聞かせるのが効果的だろう。多くの教会は、表に出していない絵画や立体的なミニュアチュールで地獄を描いた「信徒のための教育用コンテンツ」のコレクションを持っていることも多い。

これらのミニュアチュールは、教会付属のサグレスティア（ラテン語ではSacristia）という、聖職者の礼装や儀式用の道具類、教会ゆかりの伝来の品々を保管する場所の奥深くにしまわれているか、現在では「美術品」として、美術館や博物館などに寄贈され、展示されていることもある。中には「よくもここまで」というぐらい微細に地獄の責め苦のあり様を描いた立体ミニュアチュールなどもあって、引き込まれて見入ってしまうのだが、その職人技に敬服すると同時に、「これはどう見ても、作者の趣味に違いない」という凝りようには驚くばかりである。

イギリスの有名コメディ・グループ「モンティパイソン」の作品には、宗教裁判や、聖職者どうしの同性愛をからかうような「宗教ネタ」が繰り返し登場している。日曜学校の設定で、一見、人の良さそうな神父が、家で子供たちが親の言うことを聞くようにと地獄の話を始め、そのうち自分の話に酔いしれ、尾ヒレをつけて、身振り手振りを加え、すさまじい形相をしたり奇声を発して、怯える子供たちが「やめて」と泣き叫んで懇願するのに決してやめない……というエピソードなどは、筆者が見ても涙が出るほど笑ってしまうものだ。しかしながら、こうした宗教ネタのコンテンツは、おそらく多くの人たちが身に覚えのある共有体験に基づいているからこそ、モンティパイソンはイギリスだけでなく、アメリカでも人気番組となって、今に至るまで支持されているのだろう。アメリカではモンティパイソンの宗教ネタを模して、人気コメディ番組の『サタデー・ナイト・ライブ』で、カプチン修道会を思わせるフード付きの衣をまとった修道士たちがグレゴリオ聖歌をBGMに登場する宗教ネタがよく演じられていた。

†グローバルなネットワーク

カトリック教会は、現在、世界に約二五〇〇の教区があると前述したが、これらの教区に属するいくつもの教会において、ヴァティカンが「決定版」であると定める聖書やガイドラインに準拠して、それぞれの教会の司祭や修道僧たちが、信徒たちに「キリストの教え」を解釈して伝えるということが、今も繰り返されている。

この徹底してクォリティ・コントロールされたコンテンツが中央（ヴァティカン）から地球の裏側にまで届けられ、地元の教会で、担当者がその地域にふさわしい解釈を加えて信徒たちに配信するというシステムは、まるで映画の配給システムか、世界規模のマスメディアのネットワークを思わせる。実際のところ、娯楽が乏しかった時代、話上手で教養豊かな地元の聖職者は、現代のニュース・キャスターのように、人気を博したことだろう。そして、実際には、教会のグローバルなシステムがハリウッドに似ているのではなく、おそらくは、初期のハリウッドの経営者たちがヴァティカンのシステムに注目して、これを真似ることで現在の世界的映画配給システムは築き上げられたのかも知れない。

ハリウッドでごく初期の段階から活躍した映画音楽や美術の担当者にはイタリア系が多く、今もフランシス・コッポラ監督や、その甥であるニコラス・ケージ、シルヴェスター・スタローン、マーティン・スコセージ監督など、イタリア系がユダヤ系と共に活躍していることは、興味深い事実である。

世界各地の教会は教区に属すると同時に、それぞれイエズス会とか、ドメニコ会、フランシスコ会といった、世界規模で活動をする修道会の系列に属しており、定期的に人事異動が行われる。そのため、長らく南米で活動していた神父がアイルランドに転勤になったり、コンゴ駐在だった修道士がベルギーのブリュッセルに異動するといったことがしばしば起きる。そういった場合には、自分の前任地での体験について、新たな教区の若者たちに話をして、宣教活動を志す若者のリクルートを行うといったことも行われてきた。

人々の移動が今のように容易ではない時代、都市部から遠く離れ、映画館や劇場が滅多にないような地域においては、教会付属の集会場が実際に映画上映や演劇の上演の会場となったことも珍しくなかったようだ。一九八八年公開のイタリア映画『ニュー・シネマ・パラダイス』では、実際、主人公の少年トトが暮らすシチリアの小さな村の唯一の娯楽施設は、広場に面して立つ、教会兼用の小さな映画館という設定になっている。

要するに、マスメディアが発達していなかった時代、遠くからやってくるキリスト教の聖職者らは知識人で、教育を行うこともできれば、音楽を含め、文化・芸術についての情報を提供したり、指導する立場と見なされ、彼らが拠点とした教会は、今でいうなら、正にマスメディアの支局のような存在だったのである。そういう意味で、ヴァティカンが築いたキリスト教会のネットワークは、世界初のグローバル・メディア・ネットワークと言って良いだろう。

第３章
永遠のヴァティカン

ヴァティカン市国を眺める

ヴァティカンが現世の力を失う前にしたこと

†教皇領喪失までの経緯

ローマ教皇領はイタリア統一運動（リソルジメント）の結果、一八七〇年に完全に失われた。カトリックの総本山であるヴァティカンは、その大部分がカトリック教徒で、地理的にはヴァティカンが位置しているイタリア半島のほぼ真ん中に位置していながら、イタリア王国政府に領地を没収されたのである。日本で喩えるならば、寺社仏閣の多い京都府が日本国政府から「これだけの数の寺社仏閣があり、観光資源も豊かなのだから、地方交付税などなくても独立採算でやっていけるでしょう」と、政府予算を切られてしまったような状態になったわけだ。

もっとも、その時まで現世（世俗）の「国家」としての教皇領が、近隣諸国と友好的であったかというと、決してそんなことはなく、八世紀にフランク王国の王ピピン三世がランゴバルド王国から奪ったイタリアの領土を教皇に寄進してから一九世紀に消失するまでの経緯はかなり複雑だった。そもそもが、「精神世界の支配者」であるはずだった教皇が現世の「領土」を持ち、地上の特定地域の君主となったことは、ヴァティカンの世俗化を招いたのである。そして、領土があれば、それは当然、狙われることにもなる。

九六一年、教皇ヨハネス一二世が領地を廻ってイヴレア辺境伯ベレンガリオと戦って窮地に陥った際、東フランク王国のオットー一世に助けを求め、その結果、オットー一世はローマにおいて、九六二年、初代神聖ローマ皇帝（この名称が正式に歴史文書に見られるようになるのは一三世紀になってから）として戴冠した。この時、オットー一世は教皇に領地を寄進したが、その後の神聖ローマ皇帝やシチリア王はイタリア半島の支配を目指して教皇領に次々と侵攻。その後、一四世紀の「アヴィニョン捕囚（一三〇九年―一三七七年）」で教皇がローマから不在の時期が続くと、各地の監督を請け負っていた代官たちがそれぞれ領主のように振る舞い始めて、教皇の支配は弱まった。

教皇がローマに戻って後、アレクサンデル六世（一四九二年―一五〇三年、チェーザレ・ボルジアの父）が息子の力を得て教皇領の再統一を進め、次のユリウス二世（一五〇三年―

一五一三年）の時代以降、フランスやスペイン、オーストリアから絶えず圧力を受けながらも、教皇領は地上の国家としての機能を持つようになった。そして、教皇領は一七世紀にその領地面積を最大規模としたが、これに反比例するかのように、ヨーロッパの君主たちに対する教皇の影響力は衰えていったのである。教会は、宗教改革、そして、対抗宗教改革（Counter-Reformation、または、Catholic Revivalとも呼ばれる）の混乱期にあり、教会は人々の心をつなぎ止めることに苦労を強いられるようになっていた。

†「権力を超えた権力」が失墜するまで

キリスト教のそもそもの目的は現世を支配することではなかった。ローマ帝国においては「奴隷の宗教」と卑しまれ、キリスト教徒は非合法な存在とされ、弾圧を受け続けながらも、数の上では圧倒的多数を占める社会的弱者の心をつかむことで、その支持基盤を揺るぎないものとしていった。現世の権力を「何も持っていない」ことこそが彼らの最大の武器だったのだ。しかし、東ローマ帝国皇帝コンスタンティヌス一世がキリスト教を公認して以後、ヨーロッパの君主たちが続々とキリスト教に帰依するようになると、結果として、教皇は君主たちを間接的に支配することになった。また、教皇の影響力は世俗の君主や有力者たちを介して、その領民たちにも及ぶこととなったわけである。

前章で、「世界言語」としてのラテン語はいわゆる日常のバイリンガルのようなものではなく、話し言葉とは異なる目的を持って使い分けられる第二言語（ダイグロシア）であること、この第二言語は暮らしの中ではなく、システマティックな教育を通じて会得されるものである……と述べた。コンスタンティヌス一世に公認されて以後のキリスト教は、相変わらず社会的弱者の心の拠り所ではあったが、ラテン語が結果的に「選ばれた者」にのみ許される言葉となったように、それぞれの地域の王や領主の支配権を超えて「世界を支配する」ための「権力を超えた権力」という性格を強めていった。

キリスト教が現世に影響力を与える構造は、ラテン語と同じように、ダイグロシア的二重のレイヤーを持つこととなり、世俗の権力の上に重ねられた、抽象的だが極めて強大な支配として、あまねくヨーロッパ全土に及んだわけである。そのため、各地の君主たちは、みずからの魂の救いを見返りに求めて教皇と教皇領を保護し、神の代理人である教皇の守護者を標榜したが、教皇領が大きくなると、今度はその「領土」としての現世的な価値に目がくらみ、教皇領に攻撃を加える君主たちが後を絶たなくなった。そして、君主たちは教皇領への侵攻を繰り返すうちに、教皇を攻撃してもどうやら罰など当たらない……ということに気づいたのである。これが、教会が世俗化することにより、次第に権力を失っていった背景である。

このプロセスは同時に、人類が近代を迎える上での必然的な道筋であり、世の中の現象を合理的に説明しようとする科学が発展する基盤を整えることにもなったわけだが、当然ながら、その結果として、教会の現世への影響力は弱まり続けることになった。

†「贖宥状」というビジネス・モデル

ヴァティカンがこの世の権力を失うに至った理由は、教皇領を失ったからだけではなかった。教会が信徒たちの信用を失う原因となった、より大きなきっかけとしては「免罪符（贖宥状《しょくゆうじょう》）」問題がある。私たちが世界史で習った説明では、聖職者たちの堕落をもたらし、プロテスタントが登場してくる宗教改革のきっかけを作ったとして、金を払えば手に入れることのできる「カトリック教会が発行した罪を無いことにするお札《ふだ》」というのが一般的だろう。カトリック的には、金を払って「罪を無いことにする」というのはちょっと言い過ぎで、贖宥状とは人が死んだ後にまず送られる「煉獄」（プロテスタントはその存在を認めず、それ故に贖宥状をも否定する）での魂の浄化期間を短縮して、すぐに天国へ行けるようにするための証明書のようなものということになる。信徒はみな、できるだけ早くに天国へ行くことを望むので、教会への寄進と引き換えに償う罪を減免してもらおうと、贖宥状は大人気となった。贖宥状の歴史は古く、マルティン・ルターが疑問を投げかけるはるか何世紀も昔、実は、十字軍の時代にまで遡る。

教会は、十字軍に参加したキリスト教徒に対して、異教徒（イスラム教徒）から聖地イェルサレムを奪還することに貢献した見返りにそれまでに犯した罪を許し、一方、十字軍に出征できない（したくない）者は教会に寄進することで同じく罪が赦されるとした。誰もが異国での戦いに参加できるわけではなかったので、これは非常に合理的、かつ、教会にとっては効率の良いシステムで、カトリック教会（地上における神の代理人としての教皇）がその権威によって罪の償いを軽減できるという解釈に基づくものであった。

商機はサーヴィスを提供する側と受ける側の利害が一致した時に最大になるものなので、この「贖宥状」というビジネス・モデルは大当たりした。古代ローマの頃より、「市民（奴隷ではない、すべての権利を持つ自由な人＝男性という意味）の義務」には納税と兵役があったが、中には金を払うことで兵役を回避する者はいた。これは不名誉なこととされたが、戦闘に加わるには年を取り過ぎていたり、病弱だったり、跡継ぎが他にいない一人息子だったりした場合には、金を払うことで兵役が免除されるのは、文明社会を維持する上では理に適ったことであった。教会はこの考えに則り、聖地奪還に参戦しない者に罪悪感を持つよう仕向けたわけだが、十字軍の出兵は一一世紀初頭から断続的に一三世紀を通じて行われたので、この間、キリスト教会は、贖宥状を出して寄進を受け取る理由に困ることはなかった。

†堕ちた教皇

十字軍が終わってしまうと、教会は新たな「免罪」のための理由を探す必要にかられることになったが、十字軍の終わりとほぼ同時期、一二九四年にローマ教皇となったボニファティウス八世が、「その年にローマに巡礼した者には特別の赦しが与えられる」という「聖年」なる制度を発案し、一三〇〇年をその聖年としてローマで盛大な祭典を催し、ヨーロッパの全聖職者にローマへの巡礼を強制した。この結果、聖職者以外にも多くのキリスト教徒たちがローマを目ざすこととなり、ローマは大いに潤った。

ボニファティウス八世はローマ南東部に領地を持つ名門貴族の出身で、もともと芸術や文化への造詣が深かったようだ。彼の登場した時期は中世の終わり、文芸復興のルネサンスへと繋がる過渡期であったため、「聖年」を祝うためにジオットや、当時の優れた芸術家たちをローマに呼び集め、公共事業に携わらせている。キリスト教の高位の聖職者たちがおおっぴらに芸術家を支援し始めたのは、こうした公共事業の大義名分があったればこそだが、「世俗的な君主ではない」とはいえ、教皇は名門貴族の出身者らで占められており、教皇になるためには財力が必要だったのである。彼らは聖職者としての教養を身につける以前、貴族の若者として何不自由のない暮らしをしており、贅沢な屋敷の中で芸術家や教養人らと親しく交流し、芸術作品を目にする機会も多かったはずだ。そのため、教皇には芸術の愛好家が多く、また、彼らは優れた目利きだった。

ボニファティウス八世は、現在は国立の総合大学、ローマ大学サピエンツァ校となっているラ・サピエンツァ大学を聖職者の養成を目的として設立し、ヴァティカン図書館（BAV）の現在の蔵書の一部となるコレクションの目録を作らせるなどの業績も残している。一方で彼は、芸術や文芸を愛好した教皇にありがちだが、美食家で、美しい男女を回りに侍らせ、金銀、宝石が大好きで、服装は派手、賭博にも熱中していたという。『神曲』の作者であるダンテ・アリギエーリは、ボニファティウス八世がフィレンツェ支配に強い関心を示していたことを巡って確執があったことから、第1部：「地獄篇」で、「地獄に堕ちた教皇」として、逆さまに生き埋めにされて火で焼かれる姿を描写している。

彼の前任者のケレスティヌス五世は存命のまま退位した教皇で、二〇一三年春のコンクラーヴェの際に、「ベネディクト一六世の生前退位は一二九四年のケレスティヌス五世以来の出来事」として繰り返し名前が出たが、ケレスティヌス五世の退位の原因となった「不眠と神経衰弱」は、ボニファティウス八世が仕組んだものであると、イタリア人作家、インドロ・モンタネッリとロベルト・ジェルヴァーゾらはその共著の中で主張している。ケレスティヌス五世は、夜ごと「隠者の生活に戻れ」という声が聞こえて退位するに至ったのだが、この「声」は後のボニファティウス八世が部下にやらせていたものだったというから、相当な悪だったようである。

†集金マシンと化すヴァティカン

その後、聖年は一三五〇年のクレメンス六世（アヴィニョン捕囚の時期であっても巡礼地はローマとされた）の時、一三九〇年、一四〇〇年と続けてボニファティウス九世（いわゆるシスマ＝教会大分裂の時期の教皇）の在位中に行われ、この時、ローマに巡礼できない信者は贖宥状を購入することで、ローマに巡礼したとみなされ、罪の赦しが得られるという新たなスキームが発案されることになった。ボニファティウス九世も、また、金集めには手段を選ばない教皇で、それ故にわずか十年の間に二度も聖年を行ったと言われている。

その後、聖年はほぼ二十五年ごとに挙行されるようになり、あらゆる機会をとらえて公共事業の財源として、贖宥状は発行されるようになった。特にサン・ピエトロ大聖堂の工事を教皇ユリウス二世から引き継いだレオ一〇世が「贖宥状を購入した者は全ての罪が赦される」と誇大宣伝をして、誰にはばかることなく資金調達に励んだ。

一五一三年、三十七歳で教皇に即位したレオ一〇世は、ルネサンス期フィレンツェにおけるメディチ家最盛期の当主、「イル・マニーフィコ（偉大な）」と呼ばれたロレンツォ・デ・メディチの次男である。彼自身、芸術の愛好家であり、大のイヴェント好きでもあった。レオ一〇世は教皇として決して無能だったわけではなく、イタリアがフランスと神聖ローマ帝国の対立の渦中にあることをよくわきまえ、妥協を繰り返し、必要に応じて敵とも同盟を結ぶなど、四十五歳で急逝するまでなんとかローマに攻め込まれない程度の外交の才を持ち合わせていた。

しかし、やはり、彼がその本領を発揮したのは建築や芸術作品の発注においてであり、サン・ピエトロ大聖堂の工事を監督したほか、ローマ市内にある聖堂や広場、洗礼堂の修復を行い、前教皇に続いてラファエッロを重用し、自らの肖像画やヴァティカン宮殿回廊の天井画や壁画などを制作させた。ラファエッロが若くして亡くなったときは非常に悲しんだという。父が若き日のミケランジェロのパトロンであったため、幼い頃から兄弟のように過ごした時期もあったが、彼の気難しさを毛嫌いしたレオ一〇世は、ミケランジェロをローマから遠ざけ、フィレンツでのプロジェクト（メディチ家礼拝堂）にあたらせた。

レオ一〇世は教養もあり、優れた芸術を理解し、ローマにおけるルネサンスの立役者となったが、度を越して贅沢好きであったことは否めず、「レオ一〇世は先代ユリウス二世の蓄え、自身の収入・財産と、次の教皇の三人分の富を一人で使い切ってしまった」と言われ、その穴埋めとして贖宥状をばんばん発行し、サン・ピエトロ大聖堂建設資金のためにドイツでの贖宥状販売を認めたことが、マルティン・ルターによる宗教改革の直接のきっかけになったとされる。ヴァティカンのあるローマは、ルターによって「バビロン（旧約聖書に登場する悪徳に満ちた都）」と呼ばれる始末だった。

†贖宥状は資本主義の布石

このようにヴァティカンはすっかり世俗化し、有力貴族出身の教皇や枢機卿たちが贅沢と肉欲の限りを尽くしていることは誰の目から見ても隠しようもなく、すでに一四世紀から一五世紀にかけて、集金マシンに堕落したヴァティカンを公然と批判する者たちが現れ始めていた。英国オックスフォード大学の教授で、宗教改革の先駆者と呼ばれるジョン・ウィクリフ（一三八四年没）、ボヘミアのヤン・フス（彼はウィクリフの思想を支持していた。一四一五年没）、イタリアのジロラモ・サヴォナローラ（一四九八年没）などである。

レオ10世（ルーベンス画）

彼らは有力貴族出身者が高位のポストを権益化して独占することを批判し、聖職者を含む支持者を多く集めたが、ヴァティカンは彼らを「異端」として徹底的に弾圧。フスとサヴォナローラは生きたまま火炙りにされ、ウィクリフについては死後、一四一四年のコンスタンツ公会議で異端と宣告され、遺体が掘り起こされて彼の著書と共に焼かれた。英国においてウィクリフの英訳聖書や著作を読んだり、新たに聖書を英訳しようとすることは死に値する異端の罪とされ、実際、ギリシャ語・ヘブライ語原典を参照して聖書の英訳に取り組んだウィリアム・ティンダルは捕らえられ、焚刑となった。

そして一五一七年十月三十一日、ついにマルティン・ルターは「95ヶ条の論題（贖宥状の意義と効果に関する見解）」を、みずからが教授として講義を行うヴィッテンベルク大学の聖堂の扉に掲げることとなり、ルターは金を払って贖宥状を入手することで果たして人の罪は赦されるのか、そもそもローマ法王に贖宥状を通じて人の罪を赦す権限はあるのかどうかなどに疑問を呈した。ルターはこの文書を、教皇やヴァティカンへの批判として広く世に問うというより、あくまでも神学上の論争と認識していたため、「95ヶ条の論題」はドイツ語ではなく、一般大衆には理解できないラテン語で書いた。

ザクセン選帝侯フリードリヒ三世はヴィッテンベルク大学の創設者で、一五二一年、神聖ローマ帝国のヴォルムス帝国議会でルターが「異端」と宣告されて以後、ヴァルトブルク城に彼を匿い、「賢公」と呼ばれるほどの人物だったが、一方で、聖遺物（聖人の身体の一部やゆかりの品）の収集に熱心で、公が宮廷を置いたヴィッテンベルクの教会には当時のヨーロッパ最大級のコレクションがあり、年一度のご開帳時には多くの参拝者が押し寄せたという。当時のキリスト教徒にとっては、聖遺物は見るだけで犯した罪が軽減できる功徳があると信じられていたのである。

ザクセン選帝侯は聖遺物を拝みにやってくる巡礼者からの寄進が減ることを心配して、自領内ではサン・ピエトロ大聖堂建設資金のための贖宥状の販売を禁じたが、ヴァティカン（教皇レオ一〇世）公認で、マインツ大司教のアルブレヒトからドイツ国内で贖宥状販売の許可を得ていたドミニコ会士ヨハン・テッツェルの贖宥状の話を聞きつけた人々は、「それで魂の救済を手に入れられるならば……」と、他領へ出かけて行って贖宥状を求める者が後を絶たなかったので、ルターの心境は複雑だったようである。

信徒の中には、誇らしげに贖宥状を見せ、自分にはもう罪の償いをする必要はないと言い切る者もいたという。要するに、世俗化して、堕落したのはヴァティカンだけではなく、一般の信徒の側でも同じようなことが起きていたというわけだ。これは、神学者であるルターにとっては解決しなくてはならない信仰上の大きな問題であったかもしれないが、市井の人々にとっては合理的な選択で、毎

マルティン・ルターの肖像
（ルーカス・クラナッハ画）

日ちょっとした罪を犯しても、お金を払うことで罪を赦されるという仕組みは、大きな安心感をもたらしたのではないだろうか。

ルターが登場した一六世紀は近代国家の萌芽期であり、各地の君主らはローマに離反することを怖れなくなり、かねて「金持ちが天国の門をくぐるのはラクダが針の穴を通ることより難しい」といわれ、金貸しや商売で金儲けをすることは卑しいとされていたことも、「寄進すれば罪の赦しが得られる」ということで、一般の人々は安心して商売に励むことができるようになった。これは貨幣経済の普及を促し、さらには後代の資本主義の登場を促すことへも繋がっていった。

†対抗宗教改革の勃興

ヴァティカンは宗教改革によるプロテスタントを一方的に弾圧しただけではなく、実際には、カトリック内部にも世俗化し過ぎたカトリック教会のあり方に疑問を持っていた者は少なくなかったので、宗教改革とほぼ時を同じくして「対抗宗教改革（Counter-Reformation)」が始まった。これは、宗教改革を押し進めようとするプロテスタントに対してカトリック教会の伝統を擁護し、プロテスタントからの批判にも耐えうるカトリック教会としての自己改革を目指すという意味で、カトリック・リヴァイヴァル(カトリック復興)とも呼ばれる。

一五三四年に教皇として即位したパウルス三世は、ヴァティカンを頂点とするカトリック教会の改革に着手し、一五四五年三月一五日にトリエント(現在のイタリア、トレント)で公会議を召集した。この後、トリエント公会議は一五六三年一二月三〜四日にピウス四世の下で行われた第二五総会をもって完結するまで、数代の教皇の治世を越えて断続的に行われることとなったが、一四一四年から一四一八年に開催されたコンスタンツ公会議で確認された教会法の従来どおりの遵守に則り、宗教改革に対するカトリック教会の姿勢として、「プロテスタントの主張の一部は誤りである」と明言した。

一方、カトリック教会内部の改革として、今まで組織的な教育の対象となっていなかった、庶民の信徒を相手にする地方の小教区で働く司祭たちの教育の必要性が認められ、教区司祭の知的水準の向上が図られることとなった。それぞれの修道会は、カトリックの理念を厳格に実行していく具体的な組織として体制化され、教育、及び、海外での宣教活動に熱心なイエズス会も、対抗宗教改革の期間中に認められている。

トリエント公会議では、聖職者たるものの綱紀粛正と教会統治の見直しが議論され、アレクサンデル六世（チェーザレの父、ロドリーゴ・ボルジア）のような権謀術策に溺れ、政治的な理由による司教の叙任をほしいままにする教皇は忌むべき存在とされ、聖職者の規律は強化され、妻帯は改めて禁じられて、司祭の独身が徹底されるようになった。マルティン・ルターがみずから結婚して三男三女をもうけ、他のプロテスタントの聖職者にも結婚をすすめたこととは正反対であるが、公会議以後、家柄や財力にこだわることなく、高位聖職者にふさわしい倫理意識の高い人物が任命されるようになったことは、カトリック教会が自らに課した徹底的な改革の成果といえるだろう。

†さりながら華美を慎まず

ボニファティウス八世が一三〇〇年を「聖年」と定めてから一五〇〇年代半ばのトリエント公会議に至る約二百五十年間は、教皇とヴァティカンが世俗化して安易な資金調達に走り、それゆえに精神世界の指導者としての尊敬を失い、影響力を弱めていった歴史そのものである。しかしながらここで興味深いのは、宗教改革を引き起こす原因とされる贖宥状の乱発を招いたサン・ピエトロ大聖堂の大規模工事や著名芸術家による絵画、彫刻などの大量発注について、カトリック教会は対抗宗教改革の中で何ら問題としていないことだ。それどころか、レオ一〇世の後を引き継いだ対抗宗教改革期の教皇たちの多くは、歳出削減に意欲的だったオランダ出身のハドリアヌス六世や宗教画の登場人物がヌードとして描かれることを嫌ったパウルス四世などを例外として、ミケランジェロにシスティナ礼拝堂の壁画「最後の審判」を発注したクレメンス七世、同じくミケランジェロの才能を高く評価したパウルス三世、その後を継ぎ、音楽の振興に熱心だったユリウス三世、現在でも首相公邸として用いられているクイリナーレ宮殿を造営させたグレゴリウス一三世（時代の先端をゆく科学研究に基づくグレゴリオ暦導入を指揮したことで有名）、さらには、ローマの街並を現在の姿に近いものにしたといわれる公共事業マニアのシクストゥス五世など、建築、美術作品、音楽などに湯水のごとく資金を投入している。

通常なら、組織改革・綱紀粛正といえば華美を慎むものと思いがちだが、対抗宗教改革期の教皇たちは、むしろカトリック教会の権威を不動のものとして世に示すため、最高の建築家、芸術家を登用した。

†芸術はカトリックの華

実は、大変興味深いことに、トリエント公会議の最後、一五六三年一二月四日にピウス四世の下で行われた九回目にして最後の会議となる第二五総会の議事録には、煉獄についての定義のすぐ後に、聖遺物、及び、宗教画に関する公式見解が、煉獄についての記述のほぼ三倍の長さで詳細に残されている。

キリスト教はもともと偶像崇拝を禁じる宗教であり、本来抽象的であるはずの教理上の出来事を、人をモデルにして芸術家が描けば誤解を招くことになりかねないため、宗教改革を推進するプロテスタントはキリストや聖母マリア、聖人たちを描くことに否定的だった。しかし、カトリック教会は、「祈りや崇拝は描かれたイメージそのもの（モデル）に向けられるのではなく、絵画を通じて本来の崇敬の対象となるキリストや聖母マリアに届けられる」として、宗教画の存在を正式に認めている。これは、すでに芸術のパトロンとしてその地歩を確立していたカトリック教会の立場を肯定し、むしろ、芸術はキリストの教えを広めることに貢献するものと明確化したことで画期的なことだった。

もちろん、キリストや聖人たちを描く際、「その教理上の意味を正しく理解し、伝統的ではない解釈を加えたり、文脈をはずれて華美に描いてはならない」といった注意事項も書き添えられており、実際、トリエントの公会議以後、「宗教上、不適切な描写」の懸念が作品に見られる場合には、画家が表現の意図について審問を受けるといったことも起きた。

トリエントの公会議での決定事項が発布されて十年後、ヴェネツィアの巨匠、パオロ・ヴェロネーゼが描いた『最後の晩餐』は「まるでエキゾチックで華美な要素満載のヴェネツィアの世俗的な宴会」のようであるとしてヴァティカンに呼び出され、彼は「三カ月以内に適切に描き直すこと」を命じられたのである。描いた作品を無駄にすることを嫌った画家は、その機転と狡猾ぶりに驚かされるのだが、作品のタイトルを『最後の晩餐』から新約聖書に登場するエピソードの中でも世俗的な『レヴィ家の饗宴』へと変更した。これについてヴァティカンは何も文句を言わず、巨大な作品は現在、ヴェネツィアのアカデミア美術館に収蔵されている。

対抗宗教改革の時期に宗教画を描くことで活躍した画家たちには、ヴェロネーゼのほか、ティツィアーノ、ティントレット、ルーベンス、エル・グレコ、ムリリョなどがおり、いずれも多作で、ヨーロッパ各地の教会や美術館で見ることができる。

トリエントの公会議が終了し、聖遺物、及び、宗教画に関するカトリック教会の公式見解が周知された後、シクストゥス五世（一五八五年―一五九〇年）はプロテスタントを否定することにエネルギーを費やすより、自らが率いるカトリック教会を魅力的に見せようという信念に基づき、カトリックの総本山であるヴァティカン、そのヴァティカンのあるローマを、その見た目からも世界に誇れる都市にしようと考えたようだ。

このような戦略は、すでにキリスト教の信仰にさほど熱心ではなくなっていた当時のヨーロッパ各地の上流階級の人々にすんなりと受け入れられ、力強く、美しい教会建築、その内部を飾る装飾や絵画は、宗教的文脈を超えて、芸術作品として高い評価を受けるようになった。こうしてローマは富裕層の観光地、芸術家たちの留学のための目的地となり、永遠の都となったのである。それは、今も変わらない。

商品開発に全力投球

†贖宥状は「建設国債」？

ヴァティカンが何らかの資金調達の仕組みを考える場合、その柔軟さ、無駄の無さ、今でも応用できてしまう汎用性の高さには驚かされる。たとえば、カトリック教会に怒られることを承知の上での喩え話だが、「金融の仕組み」としての贖宥状とは何であったかと考えると、公共事業や自分たちの生活費を得るために「煉獄における滞在期間を短縮する」、「魂の救済」などといった、目に見えないものを担保に債権を設定（自分が実際に所有している資産を担保にしているわけではないので、他人資本を使ったレバレッジ……というほうが、より適切か？）して、教会が幹事となって発行数上限に制約のない債券を発行し、これを販売して現金を調達する……といったところだろうか？　そもそも目に見えないものに債権設定するという発想からしてクリエイティブというか、最近のヴェンチャー起業家でもチャレンジ困難と思われる離れ業だ。

教会の取り次ぎによって、誰も見たことのない死後の世界における魂の救済をリターンとして約束し、その契約書として贖宥状を発行して手数料を取るのは、まだ存在していない映像作品やアニメなど、これから生み出されるコンテンツを担保に「大ヒット間違いなし。儲けが出るので、必ず配当します」といって出資者を募り、投資事業組合を結成する……といった事例が近いかもしれない。いずれの場合も、「今はまだ見せられない」ものがいかに素晴らしい価値を持ち、他では手に入れることができないものだということを言葉巧みに出資者に説明しなくてはならないので、売り込む側のセールス・トークは演劇的、かつ、雄弁となる。ハリウッドのプロデューサーと贖宥状を大量に売り歩いた人気の説教師が持つ資質は「出資者に夢を見させる」という点で、おそらくは、かなり似通っているのではないだろうか。ヴァティカンは「グローバル・メディア」であり、教区にある身近な教会は、マスメディアが存在していなかった時代のTVであり、映画館のようなものであったと先に述べたが、資金調達の基本的な考え方までもが似ているのは興味深い偶然の一致である。

贖宥状の発行は、身近な資金調達の仕組みとしては、我が国財政の赤字補塡に関連する「建設国債」と似ているようにも見える。財政法第4条には「国の歳出は、公債又は借入金以外の歳入を以て、その財源としなければならない」とあり、赤字を補塡する目的での国債発行を原則として禁止している。しかし、財政法第4条の但し書きには「公共事業費、出資金及び貸付金の財源については、国会の議決を経た金額の範囲内で、公債を発行し又は借入金をなすことができる」と規定しており、「例外」として建設国債の発行が認められている。公共事業で建設される社会資本はすべての国民も利用する前提なので、建設国債ならば容認できるが、単に予算が足りないから国債を発行して赤字を補塡するのはダメという考えで、これは、キリスト教徒の公共施設としてのサン・ピエトロ大聖堂建設の資金調達のために贖宥状を売るのは正当化できる……というのと同じ発想だ。

実際のところ、資金が足りなければどうすることもできないのはヴァティカンも日本政府も同じことで、必要となれば特例法が制定され、赤字国債（特例国債）は発行され続けており、現在の残高はざっと四五二兆円（国債・借入金残高の平成25年度末見込み額合計一一〇七兆円のうちの……）に上るというので、「さぁ、大変！　国民一人あたりの借金は……」というニュースが日々流れている。

国債は発行時に償還期限と利率が定められており、購入者は利息を受け取り、いずれ償還期限を迎えると元本も戻ってくるが、贖宥状が無敵であったのは、教会の側には利息を払う義務も、償還期限も無いという点である。出資者は「死後の魂の救済」を期待して贖宥状を金で買うわけだが、教会側が利息を払わなくて良いのはもちろん、購入者が死後、期待したようなリターンを得られたかどうかなど誰にもわからないので、責任を追及されることは起こりようがなかった。

映画をつくる場合には、資金を受け取った側には少なくとも映画をつくる義務が発生して、できた映画が実際にヒットしたか、しなかったか……もはっきりするわけだが、贖宥状の場合は、償還期限を購入者の寿命として、その人の魂がどうなったのかなど、生きている人間にはわかりはしない。贖宥状を購入した時点で、すでに購入者が「あの世へ行った時に救われることが確実である」と思えたなら、その人はすでに救われたのであり、死んだ後になって本人が苦情を言うことなどできないし、家族にとっても「故人は天国へ行ったに違いない」と思えれば、文句を言うことなどなかった。

もう一点、贖宥状の都合の良いところは、正当な理由さえあれば、数限りなく、いくらでも発行することが可能だったことだ。新作映画を制作するにせよ、新たにＩＴ企業を立ち上げるにせよ、本来、事業に必要な金額は決めておくもので、「こういう目的で、いくら資金が必要である」ということを出資者に説明することになる。しかし、贖宥状の場合、教会の側に「罪を赦されるために総額いくら必要である」ということを予め宣言する必要はない……というより、罪を犯したことのない人間などこの世にいなくなるはずもないので、特に発行数上限を決める必要はなく、いつでも理由さえあれば贖宥状を発行することは可能だった。

贖宥状発行の理由とは、調達した資金をどの広場の補修工事に使うのか、教会の新築工事を発注するのか、どの芸術家に新たに絵画を発注するか……といったことで、目的がキリスト教徒のための公共事業である以上、購入者の側にとっては文句を言う理由などなかった。また、贖宥状の発行全盛期において、金儲けは卑しいことと考えられていたので、まっとうに働いて蓄財したとしても、成功した商人たちは少なからずうしろめたい思いを抱いていたので、「善行を積む」ような思いで、一度ではなく、繰り返して贖宥状を購入したはずである。

†レオ一〇世――サン・ピエトロ大聖堂の建設

サン・ピエトロ大聖堂の建設費用を贖宥状の発行で調達しようとしたのが、フィレンツェのメディチ家出身、ルネサンス期芸術の最も有名なパトロンであったロレンツォ・イル・マニーフィコの次男のレオ一〇世だったことも興味深い事実だ。メディチ家は、レオ一〇世(一四七五～一五二一年)が生まれるはるか以前、ジョヴァンニ・ディ・ビッチ(一三六〇年―一四二九年)の代に銀行(両替)業で大きな成功を収め、支店をローマやヴェネツィアへと広げ、すでに一四一〇年にはローマ教皇庁の金融業者として出入りし、隠然と影響力を振るっていたのである。後のレオ一〇世となるジョヴァンニ・デ・メディチは父の七光りもあって、十六歳で枢機卿となるも、同じ年、父が死去し、兄弟たちと共にフィレンツェを追放され、一五一二年にフィレンツェでのメディチ家復権を果たし、翌年、三十七歳で教皇の座につくまでは、かなりの苦労を強いられている。とはいえ、幼い頃から、父の美術コレクションを見たり、芸術家と交流して育った彼は優れた芸術の目利きで、これは筆者の想像だが、父の事業についての知識もごく自然に身につけていたのではないだろうか。そう考えると、彼がサン・ピエトロ大聖堂の建設に尽力し、また、その費用を贖宥状の発行で賄おうとしたことは、極めて理に適っているように思えるのである。

また、サン・ピエトロ大聖堂の建設に寄進することを目的として発行された（今で言うなら起債されたとでも言うべきか）贖宥状はドイツ国内で大量に売られ、それ故、マルティン・ルターの目にとまることとなったわけだが、これを売りあるいていたドミニコ会士のヨハン・テッツェルほか数名の説教師はマインツ大司教のアルブレヒトからドイツ国内で贖宥状販売の許可を得ており、アルブレヒトはアウグスブルクのフッガー家という、イタリアのメディチ家と双璧をなす大商人に資金調達法についての指南を受けていたという。

みずからの出世のために資金が必要だったアルブレヒトは、フッガー家が考えた方法……要は、サン・ピエトロ大聖堂建設のための寄進という名目で、贖宥状を大司教区内で独占販売する権利をレオ一〇世から授与してもらうことに成功した。一五一七年には、贖宥状販売のための「要綱（マニュアル）」を作り、組織的な販売促進のための説教師を雇って、目覚ましい成果を挙げたのである。アルブレヒトにしてみれば、贖宥状が一枚でも多く売れればひとまず自分の手元に収益が入り、当然ながら一部は手元に残しつつ、ローマに上納金を送り続ければ、レオ一〇世の自分への心証もよくなるので、おそらく、彼は大満足だったことだろう。ただし、このスキームがあまりにうまく行き過ぎたため、ルターの義憤をかきたてることとなってしまった。

ヴァティカンとアルブレヒト、そして、実際に贖宥状を売り歩いたヨハン・テッツェルら説教師たちの関係を現代のビジネス・モデルに喩えるならば、これはライセンス形式によるフランチャイズ・ビジネスが近いのではないだろうか。まず、資本を提供してビジネス・スキームを考えたのがアルブレヒトとフッガー家で、「ライセンス・フィーとして売り上げの何パーセントを差し上げますので、独占的にあなたの商品を売らせて下さい」という提案をヴァティカンに対して行う。もともと金融業(メディチ家)出身のレオ一〇世は、すぐにピンと来てその仕組みを理解し、「いいですよ」という話になり、次に、この仕組みで効率良く収益を挙げるために、優秀な人材をリクルートし、説明や価格、売り方にばらつきがないようマニュアルを整備したうえで、これを贖宥状とセットにして説教師たちに渡したわけだ。

びっくりするほど合理的というか、現代的な発想である。説教師たちにも売り上げの何パーセントかは支払われたことだろうから、これがインセンティブとなって、彼らはせっせと贖宥状を売り歩いた。贖宥状を売る説教師たちが「大人気」だったというから、おそらくは話が面白く、あるいは、見た目が爽やかなイケメン揃いだったのかも知れない。

いずれにしても、宗教改革の引き金となったとされる贖宥状をめぐって、メディチ家とフッガー家という、ヨーロッパを代表する大商人の名前が出てくるのは、実に興味深いことといえよう。一方で、いかにも融通の利かなさそうな、学者タイプのマルティン・ルターにしてみれば、このような贖宥状ビジネスが横行していることは、許し難く、憤懣やるかたなかったに違いない。

†カトリック教会の資金調達

カトリック教会の資金調達の手法としては、聖書や解説書、書籍のしおりやカレンダーの販売といった地味なものから、日本のトラピスト修道院のバターやクッキーなどが有名であるように、敷地内で農作物を育てたり、酪農、あるいはワインやブランデーなどの醸造を行い、これを世俗社会に売って生計を立てるという、労働をベースにした堅実なものもある。また、保育園から大学に至るまでの学校教育、病院や老人ホームなど福祉施設の経営も、それぞれの聖職者が所属する修道会を通じて行われている。

こうした、ヴァティカンを頂点とするカトリック教会が行っている事業は、「儲けること」を目的としているわけではないが、赤字を出すようなことは決してしない。いわゆるミッション・スクールの月謝が公立校と比べると圧倒的に高額であることを見てもわかるように、「儲けること」を目標にしていないからといって、提供されるサーヴィスや物品が廉価であるかというと、決してそうではないところがカトリックらしさ……なのかもしれない。

聖書について述べたところでも触れたが、「聖書は一度買ったら一生もの」ということで、ある程度値が張ったとしても誰も文句を言わずに購入する。また、子供たちが成長して、学校へ通うようになり、いずれ独立することを考え、キリスト教徒の家庭であれば、ほとんどの場合、聖書は一人、一冊が購入される。こういうところで、「著作権はとうの昔に切れているのだし……」といったことで、聖書の定価が一〇〇〇円になるようなことはないのである。もちろん、一方で、聖書の普及を無料で行っている非営利団体はあるが、これは膨大な数の会員たちが納める会費によって可能となっているのであり、聖書普及のために本部（ヴァティカン）から補助金が出ているといったことはまったくない。

ヴァティカンは二〇〇〇年を超えて生き残ってきているだけあって、時代の移り変わりに敏感だ。どうしたら人々に忘れられないようにするかについて、絶えず考えているのである。そのため、今の時代、聖書は現代人の需要を満たすため、スマートフォンのアプリになったり、子供向けの絵本、マンガ、マルチメディア・コンテンツ化されるなど、驚くほど多くの需要を先取りした形で流通している。ソーシャル・メディアへの対応、積極的利活用も早くから取り組まれており、また、聖書を筆頭とする書籍類、あるいは、修道院が販売している飲食物などは、Eコマースに乗って、世界中のどこからでも発注・配送が依頼できるようにもなっている。アプリケーションやEコマース・サイトのつくりを見ると、「一体誰がアドヴァイスをしているのか……」と驚くほどよくできており、日本の自治体などには、ぜひ、爪のアカを煎じて飲んで欲しいと思うほどだ。

一九七九年にノーベル平和賞を受賞し、二〇〇三年、当時の教皇ヨハネ・パウロ二世によって列福されたマザー・テレサはホスピスや児童養護施設をいくつも運営し、生涯を通じて社会福祉に貢献したことで知られるカトリックの修道女だ。彼女が設立した女子修道会『神の愛の宣教者会』の目的は「飢えた人、裸の人、家のない人、体の不自由な人、病気の人、必要とされることのないすべての人、愛されていない人、誰からも世話されない人のために働く」こととしているが、一方で、マザー・テレサがローマ教皇から寄付されたベンツに人を乗せたり、すぐ売却することをせず、それを景品にした宝くじを売り出して、あっという間に一億円余の資金を調達したエピソードは有名である。亡くなった時、彼女の銀行口座には50万ドル以上の預金があったとも言われている。彼女の「ビジネスの才覚」については、多くの人が驚かされているが、宗教者とはいえ、継続的な社会活動を行うには多くの資金が必要であり、カトリックの聖職者には、発想や手法は違えども、合理的精神が貫かれており、したたかである。

グローバル、かつ、普遍的ビジネス・モデルとしてのミッション・スクール

†イエズス会の創設

カトリック教会が展開している事業の一つとして誰もが思い浮かべることといえば、まず、学校経営だろう。日本はキリスト教人口が少ない国であるにもかかわらず、カトリック、プロテスタントを問わず、キリスト教系の学校法人の数はかなり多い。そして、それ

らの多くは教派を問わず「ミッション・スクール」などと呼ばれている。

日本にどれくらいの数のカトリック系大学があるのかと思って調べてみたが、日本カトリック大学連盟のウェブサイトによると、現在、二十大学が加盟しているという。小・中・高、さらに幼稚園まで含めるとその数は遥かに多く、日本カトリック大学連盟、日本カトリック短期大学連盟、日本カトリック小中高連盟、日本カトリック幼稚園連盟で構成される日本カトリック学校連合会の加盟法人数は、二三九にものぼっている。カトリック系の代表的な大学というと、イエズス会系の上智大学を真っ先に思い浮かべるが、それ以外だと聖心女子大学や白百合女子大学、清泉女子大学など、思いのほか女子大学が多いことに驚かされる。日本で知名度の高いキリスト教系共学の、立教大学、明治学院大学、同志社大学、青山学院大学、関西学院大学などは、みなプロテスタントだ。

キリスト教会と教育は、カトリック、プロテスタントのいずれを問わず、深い結びつきがあり、いずれも様々な宗派、修道会がグローバル展開しているが、ここではヴァティカンとの関係、日本と歴史的な縁が深いことから、イエズス会と教育事業について見てみたい。

イエズス会はカトリック系の男子修道会で、我が国においては、初代総長、イグナチオ・デ・ロヨラの名前より、インドのゴアを経て来日して布教活動にあたったフランシスコ・ザビエル（彼もイエズス会創立メンバーの一人である）のほうがよく知られているのではないだろうか。

イエズス会は、その成立が対抗宗教改革の始まった時期と重なっていたこと、ロヨラがそもそも騎士であったことなどから「教皇の精鋭部隊」と呼ばれることが多かった。イエズス会の創設は、パリ大学で神学を学ぶ同窓生たち七名が清貧・貞潔のうちに生涯を神に捧げるという誓い（モンマルトルの誓い）を立てた、一五三四年八月一五日に始まるとされる。七名のメンバーは、スペイン、ポルトガル、サヴォイア（イタリア）などからパリ大学に留学してきていたぐらいなので、学識があり、意欲に溢れ、家柄もまずまずの青年たちだった。平均年齢は二〇代半ばから三〇歳前後といったところだったが、一人、イグナチオ・デ・ロヨラだけが少し年長で、四〇代前半だった。

一五三七年、彼らは修道会の設立の許可を得ようとローマで教皇パウルス三世に謁見すると、プロテスタントの勢力拡大を苦々しく思っていた教皇は、カトリックの守り手として意欲に燃えるロヨラ一行に好感を持ち、まずは、彼らを司祭に叙した。翌一五三八年の一〇月、ロヨラは二人の同僚と共に再びローマを訪れ、修道会設立の許可を願ったところ、審査にあたった枢機卿のほぼ全員が好意的評価を下したため、教皇パウルス三世は一五四〇年九月二七日の回勅で、正式にイエズス会を認可した。

†イエズス会の教育事業

イエズス会は現在、六大陸一一二カ国で一万七〇〇〇名を超す修道士たちが活動をしており、その主な活動は、今も教育と研究である。創設直後のイエズス会士は、修道会のメンバーが複数の国からパリ大学へ留学してきて神学を勉強していたことからも明らかなように、ラテン語の知識があるだけでなく、口語もマルチリンガル、また、神学だけでなく古典文学（ラテン、ギリシャ）にも通じていたため、ヨーロッパ各地の学校から教育者として引く手あまたとなった。また、ロヨラが騎士の出身で、メンバー全員が勉学のために異国に赴くことを厭わない者たちだったので、異国に出向いて現地の人々をキリスト（カトリック）教徒に改宗させる宣教活動に熱心だった。この熱意は、当然、キリスト教圏でプロテスタントの拡大を食い止め、カトリックの防波堤となることへも向けられることとなり、彼らの活動によって南ドイツとポーランドでは一時的なプロテスタントの隆盛はあったものの、やがてカトリックが再び勢力を盛り返した。

イエズス会のモットーは、イグナチオ・デ・ロヨラが座右の銘としていた「神のより大いなる栄光のために（Ad Majorem Dei Gloriam）」で、「どんな活動でも正しい意図と強い意志をもって取りくめば、必ず神の御国のためになる」という、彼らの信念を示す言葉である。

ロヨラと初期のイエズス会士たちは、教皇への絶対的服従を謳いながらも、プロテスタントとの戦いに勝ってカトリックを再興するためには、ヴァティカンにはびこる汚職、不正、聖職者の堕落を律する必要があると固く信じ、みずからも規律正しい行動を心がけていた。その結果、教皇の権威が高まり過ぎることを嫌ったヨーロッパの君主たち、高位の聖職者たち、時には教皇とすら揉め事を起こすという皮肉な結果を招くこととなった。ローマ略奪（一五二七年、神聖ローマ皇帝兼スペイン王カール五世の軍勢が教皇領のローマに攻め込み、殺戮、強奪など破壊の限りを尽くした）後、不安定な状態が続いていた教皇領の治安回復、ローマ教皇庁の財政立て直しに辣腕をふるい、数々の公共事業をやり遂げたことで過去の歴史家たちから名君とされる教皇シクストゥス五世は、あからさまにイエズス会を嫌った。

イエズス会の特徴である大学、高等教育機関の運営について、特に注目すべきなのは、一五五六年、イグナチオ・デ・ロヨラが逝去する時までに、イエズス会はすでに三つの大陸で七四の大学を運営していたことである。イエズス会の創設者たちが、恵まれた家庭出身の教養豊かな人物であったことは先に述べたが、その基本的な教育方針は、ルネサンスの人文主義に則ったもので、カトリック教会で長年受け継がれてきた学問のスタイルに比べると、遥かに自由度は高かった。

また、イエズス会は宣教を目的として世界に進出するにあたり、教育指針となる「学事規定」をマニュアル化し、教育とはキリスト教の信仰について教えるだけでなく、ラテン語・ギリシア語、古典文学、哲学、非ヨーロッパ言語（現地の言葉）、科学、芸術などの学習が重要であることを明確化した。彼らの運営する学校では、地域言語による文学や修辞学の研鑽を奨励したので、イエズス会系の高等教育機関は、各国における法律家や官僚、学者を輩出することに貢献することとなった。イエズス会は、一時期プロテスタントが急速に広まったポーランドでも学校運営を行っていたが、やがてポーランドはカトリックに回帰することとなる。

イエズス会の創設メンバーがみな教養人で、その後もイエズス会士は学問の見識が高いという評判を維持したため、彼らは各国の王族や有力者たちの教育係に招かれ、その結果、近代ヨーロッパの政治の成り立ちにも大きな影響を与える結果となった。イエズス会がこのように汎ヨーロッパ的に影響力を強め、勢力を拡大していったことは諸刃の剣となり、やがてヨーロッパ諸地域が王権のもとに国家としての独立性を強めるようになると、各国の君主よりも教皇への忠誠を誓うイエズス会は時代遅れの存在であるのみならず、「不穏分子」として映るようになっていった。あたかも国家を超えた存在であるかのような強固な組織として、国境を越えて自由に活動するイエズス会は、君主たちにしてみれば教皇庁のスパイか、危険な存在と認識されるようになったのである。

イエズス会への弾圧は一八世紀になるとあからさまになり、ポルトガルがイエズス会の国外追放を決めるとフランス、スペイン、ナポリ王国、両シチリア王国、パルマ公国なども、すべてカトリックの国々であるが、これに続いた。このような経緯を経てついに、一七七三年七月、クレメンス一四世はヨーロッパ諸国の君主たちに屈する形で回勅を発してイエズス会を非合法とした。

ただし、教育の専門家としてのイエズス会の評価はあくまでも高かったので、ロシアのエカテリーナ二世やプロイセン王フリードリヒ二世の庇護を得て、イエズス会が完全に消滅することはなかった。そして、一八一四年、教皇ピウス七世の時にイエズス会の復興が正式に認められることとなった。

復興後のイエズス会は再び急激な成長を遂げ、さらに多くの学校が一九世紀に設立されることとなり、アメリカ合衆国にある二八のイエズス会系大学のうち二二はこの時期に創立されている。我が国のイエズス会系大学である上智大学の創立は一九一三年、大学令による旧制大学としての認可は一九二八年である。

†カトリック復興のために

現在、世界一〇〇カ国以上にイエズス会が運営する学校があり、近年ではインドとフィリピンでの活動が最もさかんであるとされているが、現教皇フランシスコがアルゼンチン出身のイエズス会士であるように、ラテン・アメリカにおけるイエズス会の活動も活発である。

イエズス会は、カトリックの修道会の中でも、特に、発足直後より教育分野における目覚ましい活動が印象的だが、これには、いくつかの理由が考えられる。一つは、イエズス会の発足がトリエント公会議と相前後する時期に重なっており、公会議において、地元の教区で市井の信徒たちを相手にする司祭たちの教育レヴェルの向上が取り組むべき課題とされ、カトリックの復興のために下位の聖職者であっても教育は不可欠であると認定されたことが大きかったのではないかと思われる。ヴァティカンに起居する高位の聖職者たちだけでなく、より多くの人々に民主的な教育を提供することに、イエズス会の創始者たちは意義を見いだしたのではないか。活版印刷が普及することによって、教育のために利用できる書籍の数がそれ以前と比較すると飛躍的に増えたことも、彼らが教育事業を行う上ではプラスに作用したことだろう。

イエズス会の本部は今もローマに置かれているが、世界各地で教育活動を行いながら、彼らは人材の目利きとしても能力を発揮して、出身地、母語、人種を問わず、優秀な者は聖職者になることを前提にローマに送られた。

ミッション系の教育機関は他にもいくらでもあるが、その人的スケール、組織力、マニュアルに基づいて世界同一標準で高等教育を行おうとするイエズス会の姿勢は、今もまったく古さを感じさせない。

現世の権力を失った文化的存在は向かうところ敵なし

†日本の皇室とヴァティカンの変容の相似性

紆余曲折を経て、二一世紀のヴァティカンは、今も世界に影響力を及ぼし続けている。その影響力は、基本的には精神世界、心に関わる分野に限定されてはいるが、今でもローマ教皇が何らかの発言をすると、それはある程度の政治性を否定できない。

二〇一三年、新たに誕生した教皇フランシスコがイタリア人ではないこと、ヨーロッパ大陸出身者ではないということだけでも随分と話題になった。新教皇が、伝統的にカトリックでは許されないものということになっている同性愛、避妊や妊娠中絶についてどう考えているのかは、カトリックのみならず、キリスト教徒、あるいは、誰であっても気になるところだろう。ヴァティカンが同性婚を否定する一方で、世界各地ではカトリックの聖職者による小児性愛による児童虐待についてのスキャンダルが後を絶たない。

贖宥状の売買はトリエントの公会議で禁じられた（発行そのものは禁じられていない）が、ヴァティカンの金融機関を通じたマネーロンダリングや、高位の聖職者、政治家、マフィアをめぐる贈収賄など、不正疑惑の噂はまったく途切れる様子がない。これらの問題のほとんどは、遥か昔からヴァティカンに巣食っていた問題であり、フランシスコに責任があるわけでもなければ、また、おそらく、彼一人の代で解決できる問題でもないだろう。

ヴァティカンは、プロテスタントによる宗教改革、その宗教改革への答えとしての対抗宗教改革を通じてカトリック教会の存在を再定義することに成功した。しかし、現世の権力としての教皇の存在は、各国の絶対君主たちの権力が増していくのとは反対に弱まり続けてゆくこととなった。そのことをよく理解していたシクストゥス五世（一五八五年―一五九〇年）は、プロテスタントやヨーロッパ諸国の君主たちを否定することにエネルギーを費やすより、ヴァティカンとローマを魅力的に見せることに注力するという決断をした。このことは、大英断だったというべきだろう。

かつて、ローマ皇帝の弾圧を受けていた頃、キリスト教徒たちは、何も持たないことが強みだった。信徒の組織はフラットであり、現世で報われることは無いという前提だったから、日常の暮らしに既得権益が絡むことはなく、ひたすら祈り、信じることができた。教理も極めてシンプルだった。

ところがキリスト教が東ローマ帝国において国教として認められ、キリスト教組織の中で明らかな序列化が始まると、そこに様々な権益が生まれ、既得権益を維持するためには、その都度、お金がかかるようになっていった。そこで贖宥状のような金融システムを錬金術として使わなければならない事態となり、世俗化した教会から人々の心は離れていった。

シクストゥス五世は、おそらく、早い段階で、ヴァティカンが再び現世の権力を取り戻すことはないという判断をしたのだろう。そこで彼は、ヴァティカンを文化的存在……もしくは、文化機関そのものとして生きながらえさせることを考えたのだ。ある意味、これは、戦後日本における皇室が影響力を保つために考え出された方法とも似ているかもしれない。かつて何も持っていなかった時代のキリスト教に戻ることはできないが、世俗化した権力を徹底的に放棄することで、周囲から政治利用されることを避けようとした。何も持っていなければ、奪われることはないのである。

シクストゥス5世

気がついてみれば、長い年月をかけてヴァティカンにはヨーロッパ世界随一の蔵書、歴史文書、美術品が集まっていた。定期的にキリスト教の教理を見直し、何が正しいのかを議論するため、優れた研究者たちがローマに大勢集まるようになっていた。そのことにシクストゥス五世は気づき、こうした文化的資産の付加価値をさらに高めるため、公共事業に投資を惜しまず、ローマの全体を美しく、誰もが「死ぬまでに一度は見たい」と思うような街へと生まれ変わらせたのである。

一六世紀にシクストゥス五世がこのことに気づき、資金のあるうちにできる限りの都市開発、優れた美術品の発注をしていたからこそ、ヴァティカンだけでなく、今もローマは観光都市として、何不自由することなく生活の糧を得ているのだ。

ローマにサン・ピエトロ大寺院があり、ヴァティカン美術館があるからこそ、ローマ市内にある多くのレストランやみやげもの屋は観光客相手の商売ができているのであり、鉄道や航空会社、バス、タクシー、ホテルにしても、みな、ヴァティカン、その他の教会遺産がそこにあるからこそ、産業が成り立っているのである。

†「祈り」の効果

現世の権力を放棄して、文化的な存在となったヴァティカンのもう一つの重要な役割は、世界の紛争地域の問題について、あれこれ口を出し、難民キャンプなどの悲惨な状況について祈ることだ。実際のところ、どれだけの具体的な効果が得られるかわからないのは国連と同じようなものだが、教皇が世界で起きている紛争について「心を痛めている」と発言しても、テロリストが教皇の殺害を企てたりすることは、まず、ない。

そういう意味で、現世の権力を失った教皇、文化機関と化したヴァティカンの存在とは、正に向かうところ敵無しで、ソーシャル・メディアが発達した現代において、その影響力は、はかりしれないほど強大なものになっている。

第４章
日本は何を学ぶべきなのか
――参考になる反面教師と理想像

葛飾北斎「北斎漫画七編より相模走り水」

英王室の美術品を売り払ったクロムウェルの失策——無教養ぶりが嘲笑の的に

†チャールズ一世とその時代

前章までにおいて、ヴァティカンが現世における影響力を失う前にしたこと……資金力のあるうちに、あるいは資金が足りなければ「赤字国債」がわりに贖宥状《しょくゆうじょう》を乱発してまでも資金調達して、壮麗な建築物を建立し、当代一という芸術家を呼び集めて美術品を大量発注し、道路や広場などのインフラにも注意を払い、ローマを永遠の都として整備して、政治的な存在から中立的な文化機関へとみずからを変容させた……の意味、その後、現代に至るまでの影響と効果（メリット）について考察してきた。本章では、それとは正反対の事例として、イングランドの清教徒革命の立役者で、イングランドに共和制を敷いて護国卿となった軍人・政治家であるオリヴァー・クロムウェルについてと、彼が国王チャールズ一世にしたことの功罪を取りあげてみたい。

クロムウェルの話をする前に、まず、チャールズ一世について話をしなくてはなるまい。チャールズ一世（一六〇〇年〜一六四九年）は、後にイングランド王ジェームズ一世となったスコットランド王ジェームズ六世の次男として生まれた。兄のヘンリー・フレデリック・ステュアートが夭逝したため、一六一二年にコーンウォール公とロスシー公、一六一六年にプリンス・オブ・ウェールズの称号を得て、正式に王位継承者となった。

イングランドはすでに一六世紀、ヘンリー八世の時に、離婚をめぐってヴァティカンとは袂を分かっており、宗教的には国王を首長とするイングランド国教会（英国聖公会）が誕生することになったが、これは、ルターのようなプロテスタントとは異なり、カトリックではないというだけで、儀式などはほとんど見た目の区別がつかないほどカトリック的であった。ヘンリー八世が否定したのはカトリックの教理ではなく、自分が離婚さえできるようになれば、それで良かったのである。しかしながら、大陸ヨーロッパではプロテスタントが各地で活発化しつつあった一六世紀のことでもあり、ヘンリー八世がヴァティカンを否定したことで、プロテスタントの思想（活動家たち）はイングランドにいっきに流れ込むこととなり、聖像破壊が各地で起き、ローマへの巡礼の否定、聖人暦の廃止などが主張されたのである。

イングランド国教会が正式にローマから分かれた（イングランド議会がエリザベス女王を「信仰の擁護者」と承認した）のは一五五九年で、エリザベス女王は一五六三年、聖職者会議において「イングランド国教会の三九箇条」を制定し、国教会の強化を図った。ルターが神学論争としてヴァティカンの堕落を糾弾したのとはかなり様相は違うが、イングランドにも大陸由来のプロテスタントの思想が流れ込み、また、この頃までに富裕な農民が登場して発言力を強めつつあったことから、いわゆる王権神授説への批判も起きるようになり、やがて清教徒（ピューリタン）と呼ばれることになるプロテスタント支持者が台頭して、王や貴族たち、旧来の聖職者たちが支持する国教会派と激しく対立するようになった。

チャールズ一世の父、ジェームズ一世は、こうした状況の中、一六〇三年に即位したが、王の立場の正当性を主張するために王権神授説にこだわり、国教会派を強く支持したため、プロテスタントからは反感を持たれることとなった。一六二五年、ジェームズ一世の跡を継いで王となった（イングランド国王としての戴冠は翌一六二六年一月二日になってから）チャールズ一世は一六三三年、スコットランド王位も継承し、スコットランドの国教化を押し進めようとした（スコットランドにはすでにその頃、相当数のプロテスタント信徒がいたが、一方で、今に至るまでカトリック信徒も多い）ため、各地で反乱が起き、これが清教徒革命へとつながっていった。そこで登場するのがオリヴァー・クロムウェルである。

清教徒革命とは、その名称から間違った印象を受けがちだが、教理をめぐる宗教戦争というよりも、当時のイギリス社会で利害の対立する人たちどうしが主導権を争った内戦で、台頭する農民や市民に対して王権が弱まっていく中での社会秩序の再編だったと考えるのが順当だろう。こうした大きな時代の変わり目に直面していたにもかかわらず、チャールズ一世は父と同じく王権神授説にこだわり続けたため、クロムウェルの鉄騎隊（Iron-sides）に敗れて後、最終的に一六四九年、処刑されることとなった。

†英王室の美術コレクションはなぜ貧弱なのか

筆者は、クロムウェルというと、ロンドンのナショナル・ポートレート・ギャラリーにある、黒っぽい鎧をまとったロバート・ウォーカー作の肖像画や、国会議事堂の近くにある彫像などから、いかにも軍人らしい、質実剛健な人物という印象を持っていたが、清教徒革命とその経緯については特に興味を持っていなかった。しかし、偶然、クロムウェルによって処刑されたチャールズ一世の美術コレクションがクロムウェル一派の手によって王の死後競売にかけられたことを知り、そのリストにある、今は英国内に存在しない作品の数々が大変な名画ばかりであったことから、改めてクロムウェルとはどういう人物であったのか、なぜ、彼は美術品を売り払ってしまったのかについて興味を持つようになった。

英王室は今に至るまで、かなりの資産を保有しており、特に、その宝飾品のコレクションは、高額な入場料を徴集して公開展示しているロンドン塔のダイヤモンド（王冠）が好例であるように、世界でも有数の質と量を誇っている。各地の城や宮殿の数も少なくないのに、英王室の美術コレクションが話題になることはほとんどなく、いったいこれは何故だろうと、いつも不思議に思っていた。アメリカ合衆国においても、ちょっとスノッブな人々の間では、イギリスの美術や音楽は、芸術の文脈では「残念」な部類の話題として取りあげられることが多く、その理由を探るためにも、機会があったら、英王室が収蔵する美術品の目録を確認してみたいと考えるに至った。

欧州の絶対君主のコレクションを受け継いだ美術館——スペインのプラド美術館、パリのルーヴル美術館、ウィーンの美術史美術館、あるいは、サンクトペテルブルクのエルミタージュ美術館など……には美術全集に出てくるような名画が多いものだが、イギリスは、ターナー以後の印象派など、実業家が収集した近代絵画のコレクションで世界的に有名なものはあっても、たとえばトラファルガー広場にあるナショナル・ギャラリーの収蔵品は英王室の美術コレクションを受け継いでいるわけではないし、美術館じたいもあまり大きくなく、パッとしない印象である。

オリバー・クロムウェル（ロバート・ウォーカー画）

同じナショナル・ギャラリー・オヴ・アートという名称の、ワシントンDCにある、米有数の実業家・大富豪で、財務長官を務めたこともあるアンドリュー・メロンが合衆国国民のために寄贈した美術館は、メロンが駐英大使としてロンドンに滞在中、トラファルガー広場の美術館を毎日訪れ、触発されて設立を決意したものという話だが、ワシントンDCのナショナル・ギャラリーのほうが、スケールも美術品の質も比較にならないほど秀でている。

†二代にわたって愛された寵臣・ヴィリアーズ

筆者は一九九〇年代半ばの三年間、毎年、春から夏をロンドンで過ごしながら、エセックス大学の博士課程に籍を置いて、表向きは「世界に散逸したチャールズ一世の美術コレクションについて、その価値の再評価を行う」という研究テーマで、「なぜ英王室の美術コレクションはパッとしないのか」について、リサーチを行うことを決意した。チャールズ一世は、フランドルの画家で外交官でもあったピーテル・パウル・ルーベンスと面識があり、絵画の発注もしていたことは掌握していた。また、ルーベンスは記録マニアで、外交官として膨大な書簡を書き残しているので、彼がチャールズ一世についてどんなことを書き残しているのか、また、美術品の目利きとしてはどのように評価していたのかを知りたいと思った。そして、チャールズ一世関連の資料を読みあさるうち、いろいろと興味深いことがわかってきたのである。

チャールズ一世は、父ジェームズ一世の寵臣で、愛人でもあったとされる初代バッキンガム公ジョージ・ヴィリアーズを父の死後、同じく寵臣として、公が暗殺されるまで親しく身近に置いていた。バッキンガム公といえば、その名を聞き覚えがあるかもしれないが、二〇一一年公開の映画『三銃士／王妃の首飾りとダ・ヴィンチの飛行船』でオーランド・ブルームが演じた、美男ではあるが、自意識過剰のナルシストで鼻持ちならない、着飾ることにしか興味が無いらしい……あのバッキンガム公のことである。

チャールズ1世

ジョージ・ヴィリアーズ

ジョージ・ヴィリアーズは名門の生まれではなかったがフランスで教育を受け、「イングランド随一」といわれた美しい容姿と若さを武器にジェームズ一世に取り入った。国王から「私の可愛い子、そして妻……いつまでもお前の親愛なるパパ、夫である私の喜びであっておくれ」といった手紙を受け取り、これに対して彼は「あなたのためだけに生き、生涯あなたの恋人でいたい」という返事を書き送っているのが確認されている。

また、一六一五年、イングランド国教会主教のジョン・オグランダーは「年下の美しい配偶者にうつつを抜かして腑抜けになる夫は珍しくないが、ジェームズ一世のバッキンガム公に対する盲目ぶりは度を越している」と書き残しており、他の側近たちによる文書化された記録にジョージ・ヴィリアーズがしばしば「愛人（mistress）」という表現で登場することからも、二人の間に肉体関係があったことは否定できない事実と言われている。実際、二〇〇〇年代に入ってから、ジェームズ一世が別荘として使っていたカントリー・ハウスが修復された際、王とジョージ・ヴィリアーズの寝室をつなぐ秘密の通路が発見され、研究者の間で話題となった。

チャールズ一世は、そんな八歳年上のジョージ・ヴィリアーズを身近に見ながら成長し、父王が亡くなった二五歳の時に王位を継承している。その頃までにバッキンガム公は結婚していたが、父王によって様々な要職につけられていたので、当然、チャールズ一世への影響力は大きかった。興味を惹かれるのは、チャールズが王太子時代の一六二三年、政略結婚の目論みでマドリッドにスペイン王女マリアへの求婚に出向いた際、ジョージ・ヴィリアーズが同行していたことである。ハプスブルク家との婚約交渉は失敗に終わり、チャールズは翌年、フランス王女アンリエット・マリーと婚約することになったが、このマドリッドへの旅行でイタリアの巨匠、ティツィアーノの絵画を初めて目にしたことがきっかけとなって、彼の美術愛好に火がつけられたのだった。そして一六二五年、イングランド王となったチャールズ一世は、本格的な美術品の収集に着手した。

†絵画は高度に洗練された外交ツール

バッキンガム公を含め、チャールズ一世の助言者たちは、彼が美術に興味を示したことに反対しなかった。当時、著名画家による絵画は国家（当時、国家＝君主だった）どうしの政治的な取引の際にしばしば贈物として使われ、戦争の際には戦勝国が優れた芸術品を相手国から強奪することが常習化していた。

当時絵画は、政略結婚のためのお見合い用ポートレートのような直接的なものから、言葉にすることが憚られるメッセージをアレゴリーに託して表現して交渉相手の知性を試すなど、高度に洗練された外交のツールとして用いられていたのである。そのため、側近たちは、むしろ、イングランドの威信を高めるためには世界的に名を知られる芸術家のパトロンとなり、同時にヨーロッパから価値の定まった美術品をどんどん購入すべきであると進言したのである。これは、その時点で、イングランドには見るべき美術コレクションがなかった……ということの裏返しともいえよう。チャールズは、ヨーロッパの国々に対抗して、イングランドに相応しい美術コレクションを打ち立てようと、情報収集を開始した。

そんな折の一六二七年、マントヴァのゴンザガ家が先祖伝来の美術コレクションを売りに出すという情報がチャールズ一世の元へもたらされるが、このコレクションにはマンテーニャの『カエサルの勝利』、ラファエッロの『聖家族』、カラヴァッジオの『聖母の死』、そして、チャールズ一世がスペインの宮廷で目にして強い憧れを抱いたティツィアーノのほか、ジュリオ・ロマーノ、グイド・レーニ、コレッジオほかが含まれており、イタリア有数の美術コレクションであることに間違いはなかった。

チャールズは二〇〇点に及ぶ絵画、彫刻、デッサンなどを合計二万八〇〇〇ポンドという金額で購入した。現在でも二万八〇〇〇ポンドといえばそこそこの大金なので、一七世紀初頭のこの金額がいかに巨額であるか、想像がつこうというものだ。あまりに巨額であったため、王室といえども一万八〇〇〇ポンドの支出しか認められず、二万八〇〇〇ポンドを立て替えていた美術商や銀行家たちはいっせいに破産する憂き目を見ることになった。チャールズ一世が豪奢な暮らしを好み、放蕩三昧の末、国庫を破綻させたと清教徒たちに非難されることになったのはこのためである。

一方で、チャールズが目利きの美術愛好家であるとの評判は瞬く間にヨーロッパ世界を駆け巡り、仕事を求めて芸術家たちはロンドンを目ざし、ヨーロッパの君主たちのイングランドの評価も高まっていった。これは、ヴァティカンの影響力に関連してすでに述べたことだが、当時のヨーロッパ先進諸国において、芸術への投資は、それが恒久的な価値のあるものに向けられている限り、賞賛されこそすれ、評判を落とすようなことは決してなかったのである。その決断をした君主たちもまた、教養と統治能力を高く評価されることとなった。

†チャールズ一世コレクションの行方

一六二八年、バッキンガム公は三六歳の誕生日の直前に暗殺されてしまう。同年、バッキンガム公暗殺の前に、イングランド議会は『権利の請願』(国王は議会の同意無しでは課税できない、正当な理由なく市民を逮捕・投獄してはならない、などで知られる)をチャールズに提出し、彼は一旦これに署名している。しかし、バッキンガム公が暗殺されて疑心暗鬼に陥ったチャールズは翌年、これを納得できないとして国王大権を根拠に議会を解散し、王権神授説をふりかざして親政を始めるのだが、時代の流れを止めることはできず、清教徒革命を誘発することとなって、結果、命取りとなった。

内戦は当初、王党派が優位であったが、オリヴァー・クロムウェル率いる鉄騎隊の活躍によって、王党派は各地で打ち破られていった。捕らえられたチャールズ一世は裁判の後に死刑宣告を受け、一六四九年一月三〇日、親交のあったルーベンスにみずから発注して内装、天井画を依頼したホワイトホール宮のバンケティング・ハウスにおいて、斬首刑に処せられた。現在、バンケティング・ハウスは一般に公開されており、ルーベンス作品が見られるということもあって、リサーチを始めてすぐの頃に訪問したが、何げなく寄りかかった窓の側に、「チャールズ一世はこの窓から外にしつらえられた処刑台に歩み出て、衆人観衆の前で首を斬られた」という説明が書かれていて、一瞬、ぞわぞわと寒気がした記憶がある。そして……チャールズ一世の美術コレクションはどうなったのか?

チャールズ一世が処刑された後、クロムウェルは一六四九年五月にイングランド共和国（コモンウェルス）を成立させた。この後彼は中産階級の権益を保護して重商主義に基づいた政策で、市民社会を核とするイングランドの振興に注力すると同時に貴族や教会から土地を没収して、これを社会資本として再分配しようとした。そんな人物が率いる議会なので、亡くなったチャールズ一世の美術コレクションが競売にかけられることになるのは防ぎようのないことだった。議会は一六四九年の夏のうちに、「王室の赤字を補塡し、共和国海軍の資金とする」ことを目的として、チャールズの資産売却についての法案を可決。王室が所有するすべての城や宮殿にあった品々の目録が作られた。この時の目録があるからこそ、チャールズの美術コレクションにあった作品がいくらで誰に売られたのかを今、知ることができる。売りに出された際の参考価格と、実際に落札された価格、双方の記録が残っているので大変興味深い。

チャールズがゴンザガ家から取得した作品の中で、もともと一〇〇〇ポンドで購入されたラファエッロの『聖家族』には二〇〇〇ポンドがつけられたが、マドリッドから持ち帰ったティツィアーノは人気の画家で、通常、作品価格は値下がりすることはなかったが一五〇ポンド、ヴァン・ダイクの作品は一〇ポンド程度をつけられたものが多く、描かれた対象が魅力的ではない（老婦人の肖像）レンブラントの作品には四ポンドがつけられた。目録を制作した共和国政府任命による委員会の無知ぶりがよくわかる。

こうして、美術の持つ恒久的な価値をわからぬ人々によって、チャールズ一世の美術コレクションは「モノ」として売却されることとなった。購入者の中には美術品の価値のわかる者（フランスやスペインの外交官など）もいたが、多くは「共和国のために貢献しよう！」というクロムウェルの部下たちだったので、稀に（愛国心から）大金を支払う将校もいたが、ほとんどは小ぶりな作品に高くない代金が支払われるばかりだった。また、護国卿となったクロムウェルのハンプトンコートに設置された執務室には、彼の側近たちが選んだ彫刻、タペストリー、絵画などが「家具」の一部として運びこまれ、その時に壁にかけられたマンテーニャの『カエサルの勝利』は、今も同じ場所で見ることができる。

†芸術作品の意味

チャールズ一世の美術品セールは一六五四年までの五年間におよそ一三〇〇点が三万三〇〇〇ポンドと評価されて売りに出され、最終的には一三万五〇〇〇ポンドの売上高が記録された。しかし、価値のわからない者によって値付けされ、価値のわからない者が購入したために、本来ならば得られるべき金額には遠く及ばず、売り上げの中から二万六五〇〇ポンドが海軍の資金に振り向けられたものの、海軍の赤字残高は七〇万ポンドに上っていたので、ほとんど何の意味もなかった。「ブタに真珠」とは正にこのことであり、英王室に見るべき美術品が無い理由は、クロムウェルが率いる共和国政府がその価値を理解せずに「国民のために愚かな国王の財産を処分して国庫の赤字を補塡する」と称して売り払ったことが原因である。このようなことがイギリスで起きたことから、ヨーロッパ諸国において、また、アメリカ合衆国においてさえも「イギリス人は芸術に疎い」と今に至るまで折りに触れてからかわれる原因となっている。クロムウェルが死んで後、王政復古でイングランド国王に即位したチャールズ二世は、売却された美術品を取り戻そうと試みたが、質の高いものは、価値のわかる他国の外交官などが購入して持ち去った後だったので、後の祭りであった。すぐれた美術コレクションは、一度、仕分けして売却されてしまうと、二度と元へは戻らないのである。

芸術作品は、芸術作品として存在し続けてこそ意味があり、その価値は時間が経っても一切減ることはなく、ヴァティカンの例に見られるように、数百年経った現在も、美術館収入や雇用までも生み続ける。そして、近隣の飲食店やホテル、土産物店にまで恩恵を及ぼし、そこで得られた収益から税金が納められ、経済は循環して、国は潤うのだ。一方、芸術の価値のわからない者たちが芸術作品を「モノ」と見なして現金化してしまうと、その時点で経済の循環は断ち切られ、さらにクロムウェルらの本来の目的であった国庫の赤字の補填すらままならないという結果を招いた。

もし、チャールズ一世のコレクションがそのまま英国国内に留まっていたら……イギリスは「芸術を学ぶ場所」として多くの留学生を集め、その中から優れた芸術家が輩出され、文化国家として世界の崇敬を集めたことだろう。トラファルガー広場に面して建つナショナル・ギャラリーは入場無料（それはそれで、市民社会の勝利ともいえる素晴らしいこと）だが、もし、チャールズ一世のコレクションをそこで見ることができたなら、世界中から見学者が押し寄せ、一五ポンドぐらいの入場料を払っても惜しくないと誰もが思うことだろう。

†イギリスの進んだ道、ヴァティカンが選んだ道

国民の血税を浪費した国王を処刑し、その財産を売却することで国庫の赤字を補塡する……というクロムウェルの考えは、何ら非の打ち所がなく、まさしくそれこそが正義であるかのように心地よく耳に響く。中産市民が熱狂したのも頷ける。筆者は我が国で民主党が熱狂的な歓迎に迎えられて登場し、流行語にもなった「仕分け」を華々しくネット中継し、関係者を尋問の席に呼び出して詰問した後、次々と大学の研究予算や国立美術館・博物館の予算を切って行ったのを目にした時、オリヴァー・クロムウェルと鉄騎隊を思い浮

かべたものである。また、大阪の橋下市長が文楽を「時代遅れ」として、予算の必要がないかのような発言をした際、ネット上では彼を「ヒトラー」呼ばわりする書き込みが多く見られたが、筆者の脳裏に浮かんだのは、同じ独裁者でも、黒い鎧を身にまとって「自分は絶対正しい」と信じて疑わない護国卿、クロムウェルの姿だった。

現在のイギリスにおいて、王室は所有する城や宮殿、宝飾品を展示したり、あるいは庶民らは王室のゴシップを資源として観光に役立てている。しかし、これは、クロムウェルがしたことの延長のように見え、極めて庶民的というか短絡的で、国家の品格を疑いたくなってしまう。

カトリック教会の威信を示すための壮麗な聖堂建設を否定せず、宗教画を「偶像崇拝」と決めつけずに、神への祈りを媒介する表象と位置づける解釈をトリエントの公会議で採択した教皇たち、また、ローマを永遠の都とするために公共事業に投資して、インフラ整備、教会の修復や新築、美術品を発注し続けた教皇シクストゥス5世の慧眼、深謀遠慮とはほど遠く思えてならない。英国とヴァティカン、オリヴァー・クロムウェルと教皇シクストゥス五世を対比することは、これからの日本という国のヴィジョン、進むべき道を決める上で、大いに参考になるのではないだろうか。

ソ連は崩壊しても共産主義は永遠に——Tシャツになった青春のアイコン、チェ・ゲバラ

†第二次大戦の終結と天皇の変容

二〇世紀において、現世の権力を失うにあたって、みずからを文化的存在に変容させることで、その影響力を普遍的にした顕著な例として典型的なものは、一つは第二次世界大戦終了時の日本の天皇と皇室、もう一つは、一九九一年に崩壊したソヴィエト連邦とその政治基盤であったソ連共産党である。

第二次大戦終了時の天皇の事例とは、『人間宣言』(一九四六年一月一日に官報により発布された昭和天皇の詔書)のことである。『人間宣言』が発布されたのは、ポツダム宣言受諾による終戦からわずか四カ月半ほどしか経っていない時期で、日本は未だ大日本帝国

憲法の施行下にあった。

一九四五年一二月一五日付でGHQの民間情報教育局（CIES）宗教課は、「国家が神道を支援、監督、普及することを禁じる「神道指令」を発布。また、天皇は他国の元首より秀でた存在であるとか、日本人は他の民族より優れているといったことを教えることを非合法とした。一方、天皇が皇居で執り行う宗教儀式（宮中祭祀）は私的なことと見なされ、禁じられることはなかった。GHQは天皇自身がみずからの神格を否定することを願い、「神道指令」の中ではあえて天皇の神格について言及しなかった。もともと自分が神であると主張したことのなかった昭和天皇がGHQに反対することはなかった。

一九四六年一月一日発布の詔書は、玉音放送などと同じスタイルで書かれているため、筆者の日本語力では完全に理解することは難しいのだが、日本には元々五箇条の御誓文というものがあって、これから日本が目ざす民主主義はその目ざすことと大きく違わないということ、最後の「天皇ヲ以テ現御神《あきつみかみ》トシ、且日本国民ヲ以テ他ノ民族ニ優越セル民族ニシテ、延テ世界ヲ支配スベキ運命ヲ有ストノ架空ナル観念ニ基クモノニモ非ズ」という記述において、天皇＝神ではない（天孫降臨による神の子孫であることは否定されていない）……ということが謳われている。

『人間宣言』はGHQから求められていたこともあって、宮内省はGHQの納得するような英文バージョンを準備すべく、学習院の英語教師であるレジナルド・ブライスに相談。ブライスはGHQの教育課長で俳句の造詣が深かったハロルド・ヘンダーソンに相談して、二人は共に人間宣言の英文案の作成に当たったという。

『人間宣言』として知られる一九四六年、年初の詔書は、日本国外では天皇みずからが「神から人へと歴史的な変容を遂げた」ことを宣言したものとして好意的に受け止められ、第二次世界大戦の日本の戦争責任を取るべく退位と追訴を要求されていた昭和天皇の立場は好転した。

しかし、このことは……日本語の詔書を見る限り、日本人にとってはさして驚くような内容ではなかったため、日本国民の間に衝撃が走るようなことはなく、その後の温厚な「学者肌の天皇」、また、「天皇家ご一家は研究者一族」といったイメージの固定化へと繋がっていった。正に、見事なまでのみずからの存在の再定義を通じて、天皇は現世の君主から「祭祀を執り行う神主さんの代表」となり、皇室はヴァティカンと同じように文化機関へと変容し、それ故、国民に愛される永遠の存在となった。

一九七七年の記者会見で『人間宣言』について記者から質問された昭和天皇は、神格の放棄よりも日本の民主主義は外国から持ち込まれた概念ではないことを示したかったので『五箇条の御誓文』を引用した旨を説明されたたというが、これは、今考えると、昭和天皇自身の知性と万世一系と言われる天皇家の文化力の高さをうかがわせる興味深い発言である。

†ソ連崩壊後にうまれた「価値」

もう一つの事例としての「ソ連崩壊」については、「計画と粛清」で恐れられてきたソヴィエト連邦が崩壊したことによって、初めて多くの人々の検証の対象となったことで、文化的な価値が生まれたということである。権力とは、それが権力として機能している最中にはなかなか検証できないもので、検証しようとした者は、特に、ソ連共産主義体制下の当事者、あるいはソ連の支援を受けた国々においては、粛清の対象となる危険があった。ソ連が一九九一年に解体・消滅したことによって、ソヴィエト連邦の存在は歴史となり、初めて客観的に検証されることになったのである。また、ソ連、及び、中・東欧の政治体制の再編は、ハリウッド映画のこれら地域でのロケを可能にし、それまでハリウッド映画に描かれてきた硬直的な西側における共産主義者や社会主義国家のイメージを、ダイナミックに変容させた。

ソ連というと、表現の自由がまったく無かった……という印象が強いが、革命直後は前衛芸術が盛んで、日本の同時代の芸術家たちにも大きな影響を与えた抽象芸術や構成主義が生まれ、ロシア・アヴァンギャルドはコミュニズムと切っても切り離せない芸術運動となっていたのである。世界初の電子音楽機器テルミンが作られ、モンタージュ理論が生まれ、新しい建築デザイン（コンピュータのなかった時代、モデルを作ることさえ不可能なほど革新的だった）が次々と提案され、伝統的な芸術家たちが既得権益を守る他の国で不遇を託《かこ》っていた若い芸術家たちの多くはモスクワをめざした。

また、パフォーミング・アーツも盛んで、革命前から、主にパリで活躍していたセルゲイ・ディアギレフによるバレエ・リュスは、ダンスの分野だけでなく、作曲家、編曲者、指揮者、さらには衣装やポスター、舞台美術デザイナー、文筆家などを輩出し、巡業先の都市の流行に多大な影響を与えた。演劇では古典の斬新的解釈に基づく演出、歴史的な無言劇やサーカスなどの動きと機械的イメージを組み合わせた身体表現「ビオメハニカ」などが登場し、一九二〇年代ソヴィエト・ロシアの表現芸術が二〇世紀前半の演劇に、日本を含め、世界規模で大きな影響を与えたことは間違いない。

しかし、スターリン政権下の一九三二年に行われたソ連共産党中央委員会で「社会主義リアリズム」こそが芸術であると決議され、一九三〇年代前半のうちに文学や彫刻、絵画などあらゆる分野の芸術家による大会でこの考えが公式採択されると、国家（オフィシャル）芸術、国の認定を受けた芸術家以外の活動が制限される（非公認の画家は絵の具を購入することすら困難に……）ようになって、芸術活動から勢いは失われた。

古典的なバレエやオペラ、クラシック音楽の演奏、さらにはサーカスなどは政府後援の元で高い水準を維持し、当局による監視のもと、ソ連の偉大さをアピールするプロパガンダの一環として海外公演を続けたが、自分の思ったような表現を制約されることを嫌ったダンサーや演奏家らは、あらゆる機会をとらえて西側に亡命した。

ソヴィエト連邦の時代、特に米ソ冷戦下では言論・表現、報道が厳しく制限され、ノーベル文学賞受賞のボリス・パステルナークのように受賞辞退を余儀なくされる者、ソルジェニーツィンのように国外追放された者など、知識人たちは沈黙を余儀なくされたり、弾圧を受けた。

しかし、ソ連が崩壊した後は、今まで海外に知られることがなかった政府非公認の芸術家たちの美術作品がどっと溢れ出し、コミュニズムのアイコンであるレーニンやスターリン、あるいは、体制変換の立役者となったゴルバチョフやエリツィンのイメージをスタイリッシュに、あるいは、風刺を込めて描いた作品は、ニューヨークやロンドン、パリで大人気を博すこととなり、ロシア人画家作品の氾濫と価格バブルを招いた。

ソ連が崩壊して、ひとまずコミュニズムが資本主義に敗北を喫したことで、改めて革命直後の芸術作品や画家、建築家、長年排斥されてきた文学者や思想家の作品にも光が当たるようになり、歴史となったソ連は、芸術・文化的な文脈で今も再検証され続けている。

†Tシャツの人、チェ・ゲバラ

旧ソ連の指導者たちや、かつてのミサイル、戦闘機のイメージが現代美術作品に登場したり、土産物のデザインにまで使われているのは、英国において王室のメンバーの肖像がマグカップや灰皿に利用されていることにも似て、イデオロギーを超えて「消費の対象」になっている点で興味深い。

若者に人気の永遠のアイコンといえば、アルゼンチン生まれの革命家で、キューバのゲリラ指導者であったチェ・ゲバラだが、彼のイメージもまた、彼が美男子であったということもあって、本人の意志や信奉していたイデオロギーとは関係なく、Tシャツのデザインとして、全世界で広く流通している。文化的な文脈で再定義され、永遠になることには、こうした側面もあるのでなかなか難しい。

電車の中で、いかにもギャルといった感じの茶髪・つけ睫毛の十代の女のコが、ゲバラの肖像が描かれた本をボーイフレンドが持っているのを目にとめ、「あ、Tシャツの人だ！　この人、何した人？」と尋ねているのが聞こえてきて、思わずにっこりした。現代の多くの若者にとって、ゲバラは「Tシャツの人」として記号化され、彼が否定したであろう金持ちのぼんぼんが集うハーヴァード大学やスタンフォード大学では、いつの時代でも、ゲバラTシャツを来た青年たちで溢れている。「文化的存在への変容」とは、そうしたリスクを伴うものであることも忘れてはなるまい。

チェ・ゲバラ

信者によって宗教と化すアップル――死してジョブズは永遠の存在となった

†アップル三位一体説

二〇一一年一〇月五日にスティーブ・ジョブズが亡くなった時、筆者は泣きこそしなかったが、他の多くのアップル信奉者たちと同じように、その後の二、三日はジョブズのことを twitter などであれこれ呟き続けながら過ごした。媒体でコメントを求められると、報酬を伴わない依頼であっても積極的に引き受けて、必要以上に真面目に原稿を書いて送ったものである。世界中の多くのアップル・ユーザーがそんな調子だった。

ジョブズは……というか、アップルは筆者が学生時代に初めて自分で購入したコンピュータであり、不思議なもので、初めてのコンピュータは、機械であるにもかかわらず、ほとんど初恋の人のような、絶対に記憶から消すことのできない存在なのである。なぜかよくわからないが、アップル・ユーザーは、筆者も含めて自分の Mac に話しかける人が多

ロンドンのアップルストアでのスティーブ・ジョブズ氏のトリビュート（Austin Schlimmer）

い。筆者はウィンドウズ・マシンも同時に使っているが、ただの機械であるウィンドウズ・マシンに話しかけることは決してない。

ならばMacは何なのかというと、Macには魂が宿っている……とおそらく多くのユーザーは答えるだろう。トリエントの公会議の「宗教画の役割」についての解釈を比喩的に応用するなら、ユーザーはアップルのコンピュータやiPad、iPhoneなどを通じて、ジョブズと対話しているのかもしれない。そういう意味で、マックブックやiPad、iPhoneは、宗教画と同じようなものと定義でき、究極の目的はジョブズとコミュニケーションすることなのだが、それを媒介するマックブックやiPad、iPhoneは、鑑賞に堪えうるほどに美しくなくてはならない。あるいは、マックブックやiPad、iPhoneが普及版の聖書のようなものであるとするなら、これを使ってジョブズの意図を理解し、より優れた製品を提供してもらうために、ジョブズにメッセージやコメントを届けなくてはならないというわけである。

さらにマニアックな解説をすると、Mac製品を生み出した父であるジョブズと子であるマックブックやiPad、iPhone、そして、これらを媒介する擬似人格としての「Mac＝昔は起動するとハローというメッセージと共に顔が現れ、クラッシュすると爆弾マークが表示されたことを懐かしく思う」を聖霊と見なすと、なんとアップルの製品は三位一体を具現した存在……ということになる。

こういう説明ができてしまう自分自身にも驚くが、実際、英BBCが報道していたのだが、Macユーザーが新製品を購入する際に並んでいる時、あるいは、購入した新製品を初めて使う時の脳波は、宗教的体験をしている時に極めて似た形状を示すのだという。このような話はある種のジョーク、もしくは、疑似科学の範疇で議論されるべきものと思うが、そうだとしても非常に興味深い。

†WWDCは公会議？

アップルだけでなく、そもそもインターネットの世界では、何か新しいアイディアや技術、製品を世に広める役割を果たす人を「エヴァンジェリスト」と呼ぶ。これは、もともと新約聖書の四福音書を書いた福音記者や福音伝道者のことを指す言葉だが、正に、キリスト教のエヴァンジェリストと同じように、自分が良いと信じるアイディアや技術を世界の果てまでも出向いて行って、熱狂的に人々に勧めるのが仕事で、無報酬でヴォランティア的にやっている人も多い。

そして、アップルは毎年六月にサンフランシスコで、WWDC（Apple World Wide Developers Conference）を開催し、世界各地から五〇〇〇名以上が参加し、日本円にしておよそ十六万円ほどの参加チケットが、二〇一三年は発売日が事前に告知されていたため、わずか九〇秒で完売した……が、これは正にキリスト教でいうところの公会議のようなものである。参加者はこの会議で知り得た情報を、アップルが公式に発表する「解禁日」前に漏らしてはならないというNDA（秘密保持契約）にサインして、新たなOSが発表される時に備えるのである。毎年、WWDCが近くなると、「今年はこのようなことが発表される」というまことしやかな情報がネット上に溢れ、会場で実際に参加できない人たちのためには、CEOのプレゼンがネットで中継されるので、いやがおうにも祝祭気分は盛り上がる。そして、ジョブズが生きていた時には、彼の神がかりともいうべき見事なプレゼンが、参加者たちからの熱狂的な拍手喝采を浴びて、カンファレンス会場となるモスコーニ・センターは、あたかも教皇の祝福を待つ信者たちで埋め尽くされたサン・ピエトロ広場のような状態となった。

スティーブ・ジョブズには正に、教祖が必要とするカリスマ性のすべて……人の心をつかんで離さない言葉の力、ある種の傲慢さ、悲劇性、愛嬌、演劇的要素など……そこにいるだけで人々を虜にする魅力が備わっていた。マイクロソフトの創業者であるビル・ゲイツも天才であることには違いはないのだろうが、スティーブ・ジョブズのような魅力を感じることはできない。

†ジョブズは死して永遠に

実父からアラブ系の血を引くスティーブ・ジョブズは、若い頃の映像を見ると、チェ・ゲバラと同じように、あっと驚くほどの美形である。現在、いくらでも見ることのできる彼の若い頃の製品発表の映像は、溢れんばかりの若さと自信、子供みたいに幼い顔をしているのに、ちょっと傲慢で、でも、心から自分の製品を愛していることが伝わってきて、同世代の若者たちに「ぜひ、使って欲しい」という熱意が感じられて、まったく見飽きない。

二〇一一年にジョブズが亡くなった時、世間では「もうこれでアップルもおしまいだ」と言われたものだが、ティム・クックがCEOとなって跡を継いだ後、確かに以前ほどの勢いは無いかもしれないが、アップルの株価は今も高値を続けている。それどころか、最近、映像などで見るかぎり、ティム・クックがだんだんスティーブ・ジョブズに似てきているように見えるのは、筆者の目の錯覚だろうか？

アップル教徒たちは、今も折りに触れ、ジョブズの若き日の映像のurlをtwitterやFacebookでシェアし合い、ありし日のジョブズの姿を眺めてあれこれ語り合いながらジョブズがいかに偉大であったかを再確認し、アップル製品への信心を深めるのである。そして、二〇一三年には映画『スティーブ・ジョブズ（Jobs）』がアシュトン・カッチャー主演でリリースされた。

新約聖書でいうと、今は『使徒言行録』の時代にあたり、教祖亡き後、直弟子であった使徒や新たな弟子たちによって、ジョブズの偉大な功績の物語が歴史として再編されているところである。現世の企業としてのアップルが今後どのような進化を遂げるのかは未知数だが、少なくともジョブズ、そして彼が率いたアップルという企業、アップルが生んだ製品はハリウッド映画の中に普遍化された。キリストと同じように、ジョブズは死して永遠の存在となり、YouTube の中に生き続けている。

ウォーホルによって芸術となったマリリン、エルヴィスとハインツ缶詰
――米・消費帝国主義とハリウッド

†西洋美術で絵画・彫刻に描かれてきたもの

ヴァティカンとハリウッドの共通点……とりわけ、そのマーケティングとＩＰ（著作権など、知的財産権）管理の手法が似通っているのではないかということは、すでに述べた。いずれも、全世界の不特定多数の老若男女を相手にビジネスをしているのだから、多くの共通点があって当然だろう。

そんな中、「セックス・シンボル」として視覚的に消費されるハリウッド・スター、あるいは、消費材そのものである缶詰、朝食用のシリアルの箱、コカ・コーラ、それに大量に印刷されて流通するドル紙幣などをシルクスクリーンの技法で作品化した現代美術作家のアンディ・ウォーホルについて、なぜ彼が大衆のアイドルや消費財を作品のテーマとして選んだのかについて、ここでは考察してみたい。

西洋美術の歴史を俯瞰すると、絵画、彫刻共に、描かれたサブジェクトは、ギリシャ・ローマなどの古代神話に基づくものもあるが、中世からルネサンスを経てバロック期に至るまでは、やはり圧倒的多数はキリスト教に関連したテーマで占められている。記録として、歴代の教皇や王、高位の聖職者の肖像画はいつの時代にも存在してはいたが、それ以外の一般人の肖像や画家の自画像、家族の日常風景などは、ルネサンスの頃から少しずつ出始めるが、近代に入って市民が台頭してこないと、なかなか表現の多様化は見られない。

もともとキリスト教は偶像崇拝を禁じた宗教であったことから、中世、教会の装飾を手がける敬虔で控えめな職人たちはみずからの仕事に名を残さなかった。自己主張することのなかった彼らは、自分の作ったものにサインを残さなかったのである。

ルネサンスに至る以前の美術とは、現代の芸術の一般的定義である「思想・感情の表現」という側面はなく、何かを真似て忠実に再現して見せたり、細かい手仕事を得意とするものが、こつこつとものづくりをする、いわゆる「工芸」の世界に留まっていた。

アメリカを代表する大富豪、ジョン・D・ロックフェラーⅡ世は中世キリスト教美術のコレクターで、NYのメトロポリタン美術館分館、クロイスターズを伝統的修道院建築の定式に則って設計させ、コレクションと共に寄贈したことで知られるが、彼は「同時代の美術作家の自己顕示欲には我慢ならない。中世のキリスト教美術・工芸品は、一見しただけで熟練の職人たちが丹精込めてそれを作ったことがよくわかり、職人の勤勉さに尊敬の念がわき起こる」と述べている。彼の妻、アビーが当時の現代美術の最先端、印象派の作品を好み、夫の言う「自己顕示欲の塊」のような芸術家たちの生活支援のために、せっせと作品を購入し、それが近代美術館へと繋がった（他にアビーの友人の二人の女性たちのコレクションも加わっている）のとは対照的で、生真面目だったとされるジョン・D・ロックフェラーの性格がうかがえて興味深い。

「暗黒時代」と呼ばれる中世を経て、文芸復興のルネサンスにさしかかると、キリストや聖母、聖人たちが人間らしい姿をもって描かれるようになり、画家や彫刻家は自分の作品かしキャンヴァスが発明される以前、絵画は壁画や天井画としてしか存在し得ないものだったので、新たな大規模建築工事が行われでもしない限り、絵画が単独で発注されることはなく、また、作品を受注した場合には、他都市であろうと、外国であろうと、芸術家は建築工事が行われている現場に赴かねばならなかった。そのため、大規模な建築の安定的な注文主であるキリスト教会や芸術好きの王侯貴族、メディチ家のような大商人たちの回りには、絶えず芸術家たちが集まることとなった。

原則として、芸術家は発注主に雇われる身分だったので、現代のように芸術家とコレクターの関係は対等ではなく、いわば主従関係に近かった。施主の注文は絶対であり、たとえば聖書に基づいた特定のテーマであれば、その場面に忠実に従って登場人物の設定をしなければならなかった点、芸術家は自由ではなかったのである。

ただし、人気が高い芸術家には気難しい輩も多く、生活費に困っていない場合には作品の受注を断ることもあり、発注者が価格を値切ったことに腹を立て、「お前に売るものは何もない」と悪態をついて、作品を目の前で破壊するようなことも実際あったようだ。そして、一度そのようなことがあると、芸術家間の情報ネットワークによって、噂は瞬く間に広がった。

芸術家たちが自分の作った作品に名を残すようになると、今度は発注者のほうも、特に、教会や修道院などに絵画を寄贈するような場合、「お金を払ったのは私です」ということをアピールしたくなったのであろう。やがて、聖書に題材を取ったことがわかる、典型的な宗教画の中に、見る人が見ればわかるように、こっそりと発注者の姿が描かれるようになった。メディチ家リッカルディ宮マギ礼拝堂の、ベノッツォ・ゴッツォーリ作、『東方三博士の行列』はその良い例である。

主題は東方三博士（王という場合もある）が「救世主が生まれた」という星の導きによって、ベツレヘムまでお参りにいく話なのだが、ここでは若いロレンツォ・デ・メディチが博士（王）として、白馬にまたがった眉目秀麗、かつ、豪奢な衣装をまとった姿で描かれ、彼のあとに後方へ向かって父ピエトロや祖父コジモ・イル・ヴェッキオなど一族の重要人物たち、また、メディチ家の協力者や友人、家庭教師などまでもが描かれ、さらには画家自身の自画像、そして、画家の被っている赤い帽子には、ちゃっかりと自分の名前が書き込まれている。これはもう、宗教画というより、一族と関係者たちの群像画でしかない。実は、それも理由のないことではなく、この作品は、コジモ・デ・メディチが誘致に尽力したフィレンツェ公会議を記念して描かれた作品で、スポンサーであるメディチ家関係者のほかには公会議に出席した主要人物たちも描かれている。

この作品では、「目立ちたい」が、目立ち過ぎるのも良くないだろうというメディチ家の人たちの逡巡が見て取れる（自分たちだけではなく、回りの人物たちへの深慮が感じられる）点、微笑ましさが感じられる。さらに時代が下ると、自分を少しぐらい美化して描いたからといって罰など当たらないということに気づいた発注者たちは、誰にはばかることなく、高位の聖職者でもなく、王でもない自分自身の姿を豪華に、関係する商売を暗示する背景や品物と一緒に描かせたり、妻や子供を描かせたりということをするようになっていくのである。

宗教的な崇敬の対象ではなく、観ることを目的とした『ヴィーナス』（当時、女性の裸を描いて好きなだけ眺めたいと思ったら、美の女神を発注する以外なかった）や『水浴のスザンナ』（旧約聖書に出てくる人妻の水浴を物陰から盗み見る「変態老人」をテーマにしたもの）などの作品も発注されるようになり、女性ヌードを敷地内に置くことが許されない聖職者向けには、衣服をはぎ取られ、杭に縛りつけられ、拷問されて身もだえる殉教の美青年（聖セバスティアヌスなど）や、美しい『主の御使い（天使のこと）』などが、聖書に出てくるエピソードとの関連付けはされているものの、盛んに描かれるようになっていった。発注者の享楽のために「消費されるイメージ」としての絵画の誕生である。

三島由紀夫の著作の中に、父がヨーロッパ出張の土産として持ち帰った画集に収められた『聖セバスティアヌスの殉教』を見ながら初めての自慰行為に及んだという記述が出てくるが、男子修道院の奥深くに『聖セバスティアヌスの殉教』が置かれていた(いる)ことを考えると、「ほー、そうだったのか! ふむふむ、なるほど」と、不謹慎にも納得させられる。

これは、ある意味、二〇世紀のハリウッド・スターが一般大衆の「恋人」と囃し立てられ、ゴシップ誌やタブロイド紙の記者たちに追われて写真を撮られ、戦場に派遣される兵士たちがそれらを同じような目的で持ち歩いたこととも似ているのではないか。

†ウォーホルが永遠化した消費主義社会

アンディ・ウォーホルによってハリウッド・スターやポップ・スターが肖像画として描かれるようになるまで、肖像画というものは王侯貴族、その子女・子弟や今世紀に入ってからは実業家、名流夫人の肖像など、現実社会での地位、役割のある人物たちが描かれるものだった。アンディ・ウォーホルによって、初めて虚業の体現者、イメージとしてのイメージ、消費されるセックス・シンボルとしてのハリウッド・スターたちが描かれ、しかも、シルクスクリーンという、マルチプルで同じイメージを量産できる技術を使って世に送り出されたことは大変興味深いことだ。また、ウォーホルが、何の変哲も無い、中身を食べたら捨てられる運命にあるスープ缶や朝食シリアル、さらには、伝統的なキリスト教の価値観に従えば「卑しいもの」の典型である紙幣を絵画のテーマとして大真面目に描き、それを「美術の目利き」たちが競うように高い金を払って購入した事実は、様々な憶測を呼ぶと同時に哲学的解釈を加えることもできる。

ウォーホルがしたことは「消費材」の肖像画化に他ならず、どこまで彼自身が意識していたかはともかく、資本主義経済と消費礼賛の文化という、現代アメリカ社会のエッセンスがそこに凝縮され、痛烈に皮肉られているように見えるところが面白い。二〇一二年公開の映画『メン・イン・ブラック3』には、過去にタイムワープした場面で、「実は彼もエージェントの一人であった」という設定でアンディ・ウォーホルが登場するのだが、ウィル・スミス演じるエージェントJが「あんたもエージェントだったんだ？」と、なるほどと納得したかのように質問すると、「なんでスープの缶やシリアルの箱を描いていると思っているんだ！」（といったような内容のセリフ）と気色ばんで叫ぶのが、美術好きにとってはたまらず、何度も繰り返して見たくなる「名場面」となっている。

　ウォーホルがJ・F・ケネディとジャクリーヌのイメージを作品化していることも、合衆国大統領とファースト・レディさえも、ハリウッド・スターと同じように「消費材化」した点で画期的だが、これはTVが一般家庭に普及したことで、アメリカにおける大統領の社会からの受け止められ方が本質的に変容したことを表しているのではないかと思われる。合衆国大統領であったJ・F・ケネディは、伝統に則って、正式の肖像画も残されているが、ウォーホルにサブジェクトとして目をつけられた点で、今までの大統領とは違うのである。ただし、ケネディは射殺されることで、アメリカン・アイコンとして深く大衆の心に刻み込まれ、彼もまた、夫人の「ジャッキー」と共に永遠の存在となったのである。

ジャパンよりもクールな江戸
——世界に影響を与えた一〇〇人のリストで日本人の殿堂入りは北斎だけ

†ピンとこないクールジャパン

しばらく前から「クールジャパン」という言葉をよく耳にするようになった。安倍内閣になってからは、正式に「成長戦略の一つ」と位置づけられ、二〇二〇年のオリンピック開催が東京に決まって以後、これこそが日本を世界に売り込む切り札であるということで、この言葉を聞かない日はないような状態となっている。実は、筆者はこの「クールジャパン」という言葉が嫌いであるため、注意を払っていなかったのだが、二〇一三年五月二八日、政府のクールジャパン推進会議は19項目の行動計画を決定、公表したのだという。その主なものは……総理大臣が「クールジャパン立国宣言」を行う、日本発のキャラクターの国際的なインターネット投票を行う、料理人など日本食の関係者を「食の伝道師」として海外に派遣する、世界遺産ではない国宝や重要文化財などを「日本遺産」として海外にアピールする……といったことだそうで、やはり、どうもピンとこない。

八月三〇日には、経済産業省がついに「海外需要開拓支援機構（クール・ジャパン推進機構）」の社長に、松屋常務執行役員の太田伸之氏が内定したことを発表し、会長にはフジ・メディア・ホールディングス常務取締役を務めたサンケイビル代表取締役社長の飯島一暢《かずのぶ》氏が就任予定との発表があり、機構は一一月設立、一二月から稼働が予定されているという。

同機構には、国が五〇〇億円、民間企業が一〇〇億円を出資し、アニメやマンガ、日本食といった〝クールジャパン〟コンテンツを海外へ向けて発信すると同時に、関連分野の日本企業の海外進出の支援も行うそうだ。

「反面教師」としてのオリヴァー・クロムウェルの項ですでに述べたが、一般市民が容易に納得したり、期待するような、一見まっとうそうな振興策や投資というのは、だいたい短期間で終わる運命にあり、後の時代に酷評される禍根を残すことが多い。この「海外需要開拓支援機構」は、機構の名称の字づらのせいかもしれないが「満蒙開拓団」を連想させ、特に根拠は無いものの、なんとなく、支援を受ける人が苦労しそうな印象を持ってしまう。アニメ制作に携わる若者たちの暮らしが悲惨であることを思うと、筆者の憂慮が懸念に終わって欲しいと心から願わずにはいられない。

†みずからを「クール」と呼ぶ恥ずかしさ

「クールジャパン」という言葉をウィキペディアで調べてみたが、「日本の文化面でのソフト領域が国際的に評価されている現象や、それらのコンテンツそのもの、または日本政府による対外文化宣伝・輸出政策で使用される用語」という説明があった。確かに過去には「ポケモン・ブーム」があったり、二〇〇九年に『ドラゴン・ボール』の実写映画『DRAGONBALL EVOLUTION』がリリースされた際にも日本コンテンツに関心が集まって、欧米をはじめ、南米、アジア・オセアニア地域を含む世界各地でコスプレ・イヴェントが大いに盛り上がっている印象を受けたことはあった。YouTube上に世界中の老若男女による「かめはめ、は〜！」と叫ぶヴィデオが溢れていたことも覚えている。

しかし、つい最近のドキュメンタリー番組で、NYでのコスプレ・イヴェント会場に日本コンテンツ・ネタのコスプレーヤーの姿がほとんど見えないことから、「日本のキャラクターは人気ないんですか？」とインタヴュワーが参加者に質問すると、「え、なに？日本のコンテンツ？　ドラゴン・ボール以後、新しい映画もリリースされていないし、アメリカ人はアニメより実写のほうが断然好きなんですよ。コンテンツはどんどん出さないと、誰も乗って来ないし、日本アニメも多くの作品を実写化したらいいいんじゃない？」とのそっけない答えが返ってきていた。

アニメの実写といえば、『バットマン』、『アイアンマン』、『アヴェンジャーズ』など、アメコミ・ヒーローをベースにしたハリウッド映画の独壇場である。『DRAGONBALL EVOLUTION』にしても、主演は日本人俳優ではなく、日本人からしてみると違和感があるせいか、国内での売り上げはＵＳドル・ベースで八四五万一三七四ドルに過ぎないが、世界市場では五七四九万七六九九ドルであり、制作費の四五〇〇万ドルはきちんと回収して、利益も出している。世界市場でコンテンツを売るには日本のコンテンツをそのまま持って行っても、利益を最大化することはできないだろう。海外進出をするにしても、何を目的にするのかよく考えて、どこで誰をターゲットにビジネスをするのかを考えてないと、失敗するのは目に見えている。逆に、海外市場で売れるコンテンツを作ろうとすると、制作の場所は日本ではないところで行われることになり、日本の雇用創出や税収増には結びつかない可能性も大いにある。

「クールジャパン」の語源は、一九九〇年代に、イギリスのトニー・ブレア政権が推し進めたクール・ブリタニアが語源とされるというが、本家のイギリスではすでにクール・ブリタニアは「終わって」おり、昨今、この言葉を口にする人は誰もいない。ブレア政権そのものが、クロムウェルの例ではないが、かつてポピュラーだった時期があっただけに、今は批判的に見られることが多いせいもあるだろう。政府系の勉強会や会合でイギリス人が出席していると、日本政府のクールジャパン関係者が執拗にクール・ブリタニアを話題にすることがあって、イギリス人を戸惑わせるため、苦笑せざるを得ない。

そもそもイングランドは、クロムウェルの項でも述べたように、アメリカにおいてさえも、スノッブな人々からは「非文化的な国」であると考えられているのだ。だからこそ、ブレア政権は頑張ってクール・ブリタニアを推進したわけだが、本当にクールな国が「クール」などという形容詞を自分の国名につけたりはしないのである。世界で最も芸術的であると信じて疑わないフランス人が「クール・フランス」などと言うだろうか？　ハリウッドのやり手のプロデューサーやディレクターが「クール・ハリウッド」などと言わないのも、当たり前のことだ。みずからを「クール」と呼ぶのはクールではない……というか、むしろ恥ずかしいことなのである。

日本は本来、フランスに劣らぬ程度に歴史も文化もあり、伝統的な日本美術は優れた芸術作品として世界中の美術館で展示されている。そんな日本がみずからを卑下するかのように「クールジャパン」などと得意げに言うのは、なんとも勿体ない気持でいっぱいだ。

†世界の芸術に影響を与えた北斎

米『ライフ』誌がミレニアムを記念して作成した一〇〇〇～二〇〇〇年期の世界に最も大きな影響を与えた一〇〇人のリストに唯一の日本人として第86位にランクインしたのは

一体誰か？　江戸時代後期の浮世師、葛飾北斎（一七六〇―一八四九）である。北斎以外、誰一人として日本人の名前は挙がっていないのだ。

他に日本人の名前が挙がっていないことは残念なような気もするが、北斎がゴッホやクレーをはじめ、多くの西洋の画家たちに影響を与え、その作品の片隅、室内の壁などにかけられている様子が描かれているのを見ると、やはり、すごいことだと思わざるを得ない。

各国の科学研究の競争力を計るのに、その国の研究者の論文がどれほど他の研究者の論文に引用されているか、また、その論文の引用が補足や単なるリファレンス的利用ではなく、新たな論文を書く上でベースとなっているものかどうかなどが検証されるが、葛飾北斎は、その意味において、世界の芸術に本質的な影響を与えた点で、世界から認められたイノヴェーターなのである。

水星のクレーターには世界各国の芸術家の名前がつけられているが、ここにおいても北斎は、日本を代表して、その名前を提供している。NASAの探査機メッセンジャーがホクサイ（北斎）のクローズアップ画像を公開したというニュースが二〇一三年一〇月上旬に飛び込んできたが、水星は英名マーキュリー（Mercury）で、ローマ神話に登場する神、メルクリウスの英語名である。メルクリウスは神々のメッセンジャーであり、芸術や学問の守護者でもあるため、水星の表面の地形には世界各国の芸術家の名がつけられることになったそうだ。

†日本のコンテンツを生かす道

『ゴジラ』や円谷プロダクションによる日本の特撮映像のコンテンツも、ハリウッドの映画監督やプロデューサーたちに多大な影響を与えたという点では、実は、北斎に劣らない価値を持っている。二〇〇七年公開の映画『トランスフォーマー』で、主人公の少年が購入した中古のカマロが夜中に突然動き出し、ロボットに変形（トランスフォーム）するところで、"It must be Japanese…"と思わず呟くところなどは、「日本人で良かった……」と思わずにいられない。

『キル・ビル』のクウェンティン・タランティーノ監督の、ヲタク的な、かつての日本映画や劇画への造詣の深さには驚くばかりだが、ハリウッドでTVシリーズを撮影しているより若い世代の監督や脚本家たちにも、こうした日本のコンテンツの影響を受けた人たちは多くいる。

HBO制作によるヴァンパイア系のダーク・コメディ『トゥルーブラッド』では、日本人の開発した人工血液「トゥルーブラッド」のおかげでヴァンパイアが人を襲わずに暮らせるようになっているという設定だ。近未来のアメリカでそんなヴァンパイアたちが市民権を得て暮らしており、在来の人類との間に人種差別問題を抱え、悩みながらも、種を超えた恋愛をするなどして日々を送っているという……荒唐無稽な展開は、なんとなく昔見た日本の漫画かアニメのストーリーにあったような気がして懐かしい。

日本の過去コンテンツは、北斎が西洋画家の作品の一部として登場したり、「芸術映画」のクロサワやオズ、キタノだけでなく、子供の頃に監督たちが見た日本アニメやヤクザ映画が『トランスフォーマー』や『トゥルーブラッド』のストーリーの一部、もしくは文脈の前提として登場することでハリウッド作品の中で永遠の存在となっている。影響を受けた彼らにそのことを英語で語ってもらうことが、おそらくは、英語圏での日本コンテンツの最大の宣伝になるのではないだろうか。あるいは、日本アニメの実写化を彼らと共にハリウッドで取り組むことが、もしかすると、日本のコンテンツを「永遠の都」にすることに繋がるのかもしれない。

終　章

文化立国の普遍的モデルとしてのヴァティカン

サン・ピエトロ大聖堂

日本が目ざすべきこれからの道は情報分析に基づくコンサル業、そして、優秀な人材の世界への供給

†永遠の都ローマ

日本政府観光局（JNTO）の発表によると、二〇一三年八月に日本を訪れた外国人客数は九〇万七〇〇〇人で、八月としては過去最高水準。二〇一三年度一月から八月の累計訪問者数は六八六万四〇〇〇人だという。一方、「永遠の都ローマ」を訪れた外国人の数は、二〇一二年度のデータで約七八〇万人（"MasterCard Global Destination Cities Index" 発表による）である。日本を訪れた外国人の数値は、東京、大阪、京都、最近アジアからの観光客の人気を集めている北海道などの複数都市すべてを含む合計の人数で、ローマのデータは、ローマ一都市のみを訪れた外国人の数値を示すものだ。

ローマを訪れた外国人のほとんどすべては、滞在時間の長短にかかわらず、サン・ピエトロ大聖堂とヴァティカン美術館を訪れていることだろう。日本とローマの、この圧倒的

な訪問者数の差は、比較するのもはばかられるほど目を見張るべきものだが、それこそが「永遠の都」の実力、文化立国の首都の集客力を見せつけている。観光客……と一言で片付けることは簡単だが、あの狭い敷地面積のヴァティカン市国に日本全国を訪れているのと同じ数の観光客がやってきて、ローマ市内のホテルに複数日数滞在し、レストランで一日三回食事をし、道ばたの露天でジェラートを買って食べ、スーパーで売っている価格の十倍のペットボトルの水の値段に文句も言わず、みやげ品を買う。その経済効果がどれほどのものであるかを考えるべきだろう。

端的に言って、ヴァティカンはローマ市民を養っているのである。日本の首都・東京に、このように都民を養える文化資源があるだろうか？「いや、東京は観光都市ではなく、外国人訪問者の主な目的はビジネスの出張だ」と反論するむきもあるだろうが、それにしても日本を訪れた外国人総数がローマ一都市を訪れた外国人の数とさして変わらないわけなので、ビジネスを目的として東京を訪れる人の数も、結局のところはたいしたことないということになる。

先に引用した"MasterCard Global Destination Cities Index"によると「二〇一二年度、

世界で最も人気の高い目的地トップ20」の第3位バンコク（一二二〇万人）、第4位シンガポール（一一八〇万人）、第6位香港（一一一〇万人）、第11位ソウル（八〇〇万人）、第14位上海（七五〇万人）、第19位北京（六二〇万人）、第20位台北（五四〇万人）とアジア圏では七つもの都市がランクインしているにもかかわらず、日本の都市は一つも入っていないのである。このランキングの中で七八〇万人の外国人訪問者を数えたローマは第12位となっている。ちなみに第1位はロンドンで一六九〇万人、第2位がパリで約一六〇〇万人だ。観光よりビジネスの出張客が多い可能性の高いニューヨークはローマのすぐ下につけていて七六〇万人である。繰り返すが、これらは一都市の外国人訪問者数であって、国全体の訪問者数ではない。

"The Capital Tribune Japan"の二〇一三年九月二四日付の記事によれば、世界経済フォーラムによる世界各国の旅行・観光競争力ランキングで、日本は交通機関や通信インフラなどハード面の順位は7位と健闘しているものの、「国民の観光との親和性」は一四〇カ国中77位と低い位置付けになっているという。その理由として、「日本社会は一部の地域を除くと、外国人観光客に対してあまりオープンではなく、外国人というとすぐに英語が思い浮かぶが、これは言葉の問題というよりも、生活習慣や文化が違う人がやってくることを当初から想定していないということが大きく影響しているのではないか……」と同記事は分析している。

英語が通じないということにおいては、イタリアの地方都市も日本の地方都市もまったく変わらないし、「よそ者」に奇異な眼差しを向けたり、外国人が店に買い物に来ると、「英語できません」と店番の老婦人が奥に逃げ込んでしまうことも、イタリアの地方都市ではよく起きる。「すいませ〜ん！」とイタリア語で叫ぶと、再び顔を出して、「なんだ、イタリア語がわかるのですね」と言って、今度は「なんでイタリア語ができるんですか？旦那さんはイタリア人？　どこの国の方？　休暇ですか？」と、とめどなく質問するのも、日本の地方都市を連想させて、思わず苦笑することが多い。

郵便局においてでさえも、小包を送ろうとすると、「オレ、英語できないし……」と逃げてしまう職員がいて、「日本宛に航空便で送りたいのですが」とイタリア語で言うと、他の職員が大声で「おい、シニョーラはイタリア語を話すぞ！」と叫んで、逃げた職員が戻ってくるといった具合である。イタリアは地方都市にも歴史と文化は溢れているが、ほとんどの街に暮らす人々は日本の地方都市の平均的な人々とまったく同じように、外国人を見ると、似たようなリアクションを返してくる。「生活習慣や文化が違う人がやってくることを当初から想定していない」のは、何も日本だけではないのだ。しかし、ヴァティカンのあるローマは違う。

ローマの人々は、生き残ってゆくためには「生活習慣や文化が違う人」を拒否することなどできないことを身に染みてよく理解しているから、たとえ英語が話せなかったとしても、とりあえずはお金を払ってくれる外国人観光客に愛想良く微笑みかけてくれる。さらには、右も左もわからぬ観光客をカモにしようと近づいてくるスリやこそ泥までもが英語が得意……ということもあるわけだ。

†ヴァティカンの知恵に学ぶ

ヴァティカンは幾多の戦乱、歴史の転換期を生き延び、もう少しであわや滅ぼされそうになりながら、何度も立ち直り、その都度、無駄を省き、進化を遂げ、グローバルな組織としてのみずからの地位を不動のものにしてきた。

今のヴァティカンは、すでに述べたように、いわゆる現代的な収益産業に依る経済基盤を持たない（ＩＴや代替エネルギーの会社が傘下にあるわけではない……）という点で、直接的な現世の権力ではない。しかし、その組織構造を詳細に見ていくと、教育、人事制度から金融システムに至るあらゆることが完全に標準化され、世界中、どこへ持って行ってもすぐに現地化ができる、その互換性の高さは感動的ですらある。

ヴァティカンは、二〇〇〇年という長い歴史を経てきたにも関わらず、喩えて言うなら、厳しいトレーニングを毎日みずからに課すことによって筋肉を鍛え抜いたトップ・アスリートのように、今も無駄のない動き、持久力と瞬発力を備えて、日々生まれ変わっている。そんなヴァティカンのあるローマを、他のイタリアの都市と比較しても、あまり意味のないことだろう。なので、日本はイタリアそのものを目ざしても仕方ないわけで、ヴァティカン、せめてローマを目ざす必要がある。

本書の目的はヴァティカンとカトリックの教えを知るための教養書ではなく、少子高齢化が急速に進む日本の現状を鑑み、ヴァティカンに蓄積された叡智を俯瞰して、時代の転換の契機となった宗教改革という、カトリック教会における史上最大のピンチをチャンスに変えた慧眼を検証、分析して、私たち日本人が少しでも前向きに未来を切り開いてゆくための参考にできればというのが、そもそもの意図である。

本書では英国のオリヴァー・クロムウェルと清教徒革命の例を取りあげたが、民主主義の現代の日本であったとしても、勤勉な市民らが多数決を行えば、おそらくは同じ判断が下されることだろう。要は、「国民の苦しみを考えず、増税しながら社会福祉を切り捨てて芸術や文化を支援するなどもってのほか」という意見はしごくごもっともで、このような考えが優勢を占めるのは、民主主義の国家である以上、防ぎようはないのである。民主主義の社会で、ヴァティカンの教皇シクストゥス五世のような人物が登場して、手腕を振るうことは、ほぼ不可能だ。

一方で、筆者はいつも不思議に思ってきたものだが、ヨーロッパの歴史を振り返ると、栄華を誇ってきた国が滅びる直前、「暗君」と呼ばれる王たちが登場して、美術品を買い漁ったり、あるいは、バヴァリアの狂王といわれたルートヴィヒのように音楽家に入れあげてオペラ三昧に耽るなど、国民の迷惑を顧みない行動を取ることが頻発する。

その当時の国民は重税に喘ぎ、「暗君」を暗殺しようとする者が現れたり、あるいは近隣諸国が機会を逃すまいと戦争をしかけてくるので、国はさらなる混乱に陥ってしまう。しかしながら、後の時代になってみると、その地域は、その「愚かな王」が集めた美術品で設立された美術館や、音楽的資産によって始められた「音楽祭」で今も世界中から人を集めるなど、数百年を越えて、その「暗君」が一人いたおかげで食べているのである。暗君死して後代の国民を養う……といったところだ。

この現象は、あたかも華麗に咲いた花が枯れる直前に芳香を放って虫たちを集め、受粉して種を残し、その種から新しい芽が出て、また花を咲かせることにも似ており、「国の遺伝子」のようなものがあったとして、その遺伝子が強制的に君主たちにそのような行動をとらせているのではないか……と、筆者は穿った考えを持っているが、検証するに足る、興味深いことではあるまいか。

†これが日本の生きる道

今の日本は、クロムウェルが登場してきた当時と同じように贅沢は敵であり、美術品を買いあさるような富裕層は堕落した存在でしかなく、彼らが集う美術館や劇場など、無くなっても誰一人困らないという考え方に支配されているように見える。外国人が日本の美術館が持っている収蔵品を高く評価するのなら、競売にかけるなりして現金化して、それを福祉のために役立てるほうが社会のためになると主張する人が、少なからずいることだろう。真面目で堅実な人であれば、普通は、誰もがそう考える。だからこそ、清教徒革命が起こった当時、クロムウェルは人気が高く、市民らは「王政復古に戻るくらいなら……」と、クロムウェルを「護国卿」という名称の独裁者として熱烈に歓迎したのである。

筆者は、何かというと格差社会の原因を富裕層に求め、資産を多く持つ人を悪人のよう喧伝する日本のマスコミの偏向を憂える。また、目先の経済効果のことばかりに目を奪われがちな日本の有権者の投票行動についても、強い不安を覚えずにはいられない。

日本の少子高齢化はもはや止めることはできないし、正規雇用は減り続け、これにさらなる追い打ちをかけるように、大地震や火山の爆発、地球温暖化にともなう天変地異が次々と日本を襲うかもしれない。しかし、だからと言って、日本人に何の選択肢も無いというわけではないのである。日本人には、世俗の権力（実業の世界での競争力）に見切りをつけ、日本という国を文化的存在へと変容させることを選ぶことも、また、可能なのだ。

対抗宗教改革において、新たに絢爛豪華な教会を次々と建立し、観る者すべてを視覚的に圧倒する美術品で飾り立てたヴァティカンは一つの可能性を示しているのではないか？ただし、それは、単に新しい観光資源を確保するために資金を湯水のように使えば良いという単純なことではなく、まずは、優秀であれば国籍を問わず、世界中から人材を受け入れて活用し、彼らを優遇して、ヴァティカンやアメリカがそうしてきたのと同じように、日本は「度量の大きい素晴らしい国だ」ということを世界に印象づける必要がある。逆に、優れた日本の人材を、世界にどんどん送り出していく、かつてのミッショナリーのようなスキームも重要になってくるのではないだろうか。

これからの激動する日本に必要なのは「宇宙にまで持っていける技術とライフスタイル＝普遍的モデル」を見つけ出して、それをビジネス化すること。日本人に求められるのは「世界中、どこにいてもできる仕事を遂行するだけの能力（語学のスキルを含む）」を身につけること。日本企業や投資家に求められるのは「組織ではなく、人＝才能への直接投資」なのではないかと、筆者は考えている。

私たちに今求められているのは、「危機に瀕する日本」という現状を冷静に見極めること。そして、長いあいだ自信喪失状態にあった閉塞感を打ち破り、日本が復活するためのイノベーションの鍵はどこにあるのかを探すことではないだろうか。二〇〇〇年を超えて生き残ってきたヴァティカンの歴史を検証すると、そこにはいくつもの鍵、ヒントが見つかるような気がしてならない。

これからの日本は、実際にものをつくって復活するのではなく、ものづくりのための知見を世界に向けて提供すること、あるいは、ヴァティカンがしてきたように、世界中から集まってきた情報を分析して、それをコンテンツ化して再配信することに活路を見いだすべきではないだろうか。ここでいうコンテンツとは、漫画やアニメ、ゲームなどではなく、いわゆるビッグデータの分析に基づく加工・編集されたデータや、それに基づく新たなサーヴィスの提案という意味である。

†方舟に乗せるべきものとは?

ヴァティカンはいろいろな意味で、人類の叡智を継承するための装置であると言っても良いかもしれない。旧約聖書に出てくる「ノアの方舟」のような存在である。もし、地球に滅亡の危機が迫って、人類が宇宙へ脱出しなければならなくなったら、芸術作品を含めてヴァティカンを丸ごと持っていけば、地球人類の文明の六割程度は継承できるのではないだろうか。

この先、万が一日本が消滅するような事態に直面するとしたら、日本人は何を宇宙へ持って行ったら良いのだろう? 日本人の知の遺伝子を未来に遺す「方舟」を、念のために、私たちも今から準備しておくべきだろう。「人＝個人への投資の尊さ」を明確に意識して、「Creative Investment＝新たな創造的価値への投資」が必要なのではないだろうか。

日本という国がもっと多様性に寛容になって、個人の所属する国家、人種、年齢、性別、性的嗜好などにとらわれることなく、有能な人物であれば誰でも活躍できるプラットフォームになれば、新たな市場の可能性は自ずと開かれるのではないか？　ヴァティカンはその可能性を考える上で、多くの示唆に富んでいる。

あとがき

ずいぶん以前から、ヴァティカン、もしくは、聖書について何か書いてみたいという漠然とした思いが頭の中にあった。同時に、私にとって考え得る人生最大の贅沢は、可能であったら……という妄想に過ぎないかもしれないが、再び学生となって哲学と神学を学ぶことで、その一環として、キリスト教の発祥の地であるパレスティナや、異邦人にキリスト教を広めた聖パウロの足跡を辿って、原始キリスト教団の遺跡をこの目で見たいとも考えてきた。

「ヴァティカンはメディアである」という考えも、ずいぶん以前から私の頭の中にあった。全世界の津々浦々に教会があって、そこにローマからもたらされる情報が、伝達の速度の遅い、速いはまちまちであるにせよ、何世紀も前から届いており、信徒たちに共有されてきたのだから、間違いなく、それはメディアと言えるだろう。しかしながら、「メディアとしてのヴァティカン」、もしくは、「この世の権力が文化的存在として再定義される時、その存在は不滅のものとして人々の心に記憶される」という明確な文脈でヴァティカンについて考えるようになったのは、二年ほど前、米IT企業、アップルの創始者、スティーブ・ジョブズが亡くなったことが契機となっている。

筆者自身が学生時代からアップル製品のヘヴィー・ユーザーだったので、批判するつもりは毛頭ないのだが、以前からアップル・ユーザーのスティーブ・ジョブズへの心酔ぶりは宗教じみていて、数年前にジョブズの健康不安が囁かれ始めた頃から、不謹慎ではあるが、「もし、ジョブズが亡くなったら、いったいこの会社はどうなるのだろうか」ということに興味を抱くようになっていた。そして、二〇一一年十月五日にジョブズが亡くなって、世界は喪に服し、世界中のアップル・ストアにジョブズの遺影が掲げられ、蠟燭が灯され、無数の林檎が捧げられているのをネットのニュースで見た時、ああ、やっぱり……と、得心したものである。

教祖のジョブズは、キリストと同じように亡くなってこそ永遠の存在となり、今では普遍的な文化的アイコンへと変容したが、アップルというブランドはティム・クックCEO

に引き継がれ、言ってみれば、彼は初代教皇ペトロのような役割を期待されて、新しい製品を生み出すと共に、ジョブズの神格化に努めているといったところだろう。ジョブズ亡き後のアップル製品……たとえばiPadやiPhoneは「聖書みたいなもの」なので、これらが世界に急速に普及し、特に新興国に向けてその廉価版がどんどん発売されるのは、いかにも予め想定されていたロードマップであるかのように見える。

そんなことを考えていたら、キリスト教に馴染みの薄い日本人にとっても、いくらか実感をもってヴァティカンとは何であるのかを理解できるように説明ができるのではないか……少なくとも、国家や組織が現世で支配力を失う前にすべきことはどんなことなのか、ヴァティカンを中心に世界の歴史を振り返ってみることは、今を生きる日本人の私たちにとって、有意義なことなのではないかと考えるようになった。

筆者は小学校から高校までをフランス系カトリックの一貫校で過ごしたため、ラテン語を含め、カトリックの教理については「当然のこと」と見なしているもの、なんとなく腑に落ちないと思いつつも、「そういうことになっている」ので深く考えないできたことなどが頭の中で混在している。そのため、本書はヴァティカンについて学術的な史実のみを追った内容ではなく、キリスト教環境で育った筆者の体験と直感的な理解に基づく、ヴァティカンの一つの解釈だと受け止めて頂きたい。カトリックの聖職者となった友人もいるが、本稿を予め見てもらうことは、あえてしていない。

今回、本書を執筆したことで、長年「腑に落ちない」と思っていたことが、おぼろげながら、なんとなく見えてきたこともあった。たとえば、キリスト教はもともと偶像崇拝を禁じる宗教であると初めに教えられていたので、なぜ、生身の人間をモデルにしてキリストや聖母マリア、聖人たちを描いた絵画が教会に掲げられているのか、子供の頃、大いに疑問に思っていた。それについて、中学生ぐらいの時に学校付きの聖職者に質問したことを記憶しているが、「カトリック教会では、祈りや崇拝は描かれたイメージそのもの（モデル）に向けられるのではなく、絵画を通じて本来の崇敬の対象となるキリストや聖母マリアに届けられる」からだという説明を受けた。これについては「なんだかよくわからない」と、その時も、その後もずっと思ってきた経緯があった。

ところが今回、それがトリエントの公会議で正式に決定された布告文に基づく説明であったことを改めて知って、「祈りは描かれたイメージ（モデル）に向けられるのではなく、絵画を通じて本来の崇敬の対象に届く」という説明の真意は、相変わらずもやっとして理解できないものの、中学の時に説明してくれた先生が「ちゃんと神学を勉強した人だった……」ということに、少なからず感動してしまった。トリエント公会議後に発布された公式文書の中で、聖遺物、及び、宗教画に関する公式見解が、煉獄についての記述のほぼ3倍の長さで詳細に残されているという事実を、決して忘れることはないだろう。

今の日本の教育環境では、教えるべきカリキュラムは政府の方針と共にころころ変わるが、小学校の時から高校に至るまで、神学という極めて普遍性の高い学問を専門的に学んだ教師が身近にいて、あれこれ生意気な質問をする子供にいつでも真剣勝負で答えてくれていたことは、今思うと、たいへん恵まれた環境だったと言わざるを得ない。

筆者は高校卒業後、西洋美術史を学ぶようになったが、カトリック教会が宗教画の存在を正式に認めており、そうした絵画を多数収録した美術全集や関連書籍が図書室にふんだんにあったことも、おそらく筆者の進路選択に少なからぬ影響を与えたのではないかと考える。大学院以後、芸術家とパトロンの関係について、また、美術館などの文化施設が社会においてどのような意味を持つのかを研究するようになったが、今、改めて考えてみても、宗教改革に直面したヴァティカンが、芸術のパトロンとしての立場を肯定し、むしろ、芸術はキリストの教えを広めることに貢献するものであると明確化したことは画期的なことだったと思う。

産業競争力の衰えと共に、世界への影響力が低下しつつあることを実感している日本。その日本が、これから進むべき道を考える上で、知的プロフェッショナル集団であり、文化的存在であるヴァティカンは一つの興味深い参考例であることは間違いないだろう。ただし、そう簡単に真似のできるモデルではないかもしれない。

ローマを永遠の都とするために公共事業に投資して、インフラ整備、教会の修復や新築、美術品を発注し続けた教皇たちの慧眼と深謀遠慮は、目先の節約よりも大きな利益を後代の人々にもたらした。そのことは、もっと話題に上ってしかるべきだし、多くの示唆に富んでいる。壮大な都市計画や芸術は無駄な贅沢ではない。それは後代の人々を養うための健全な投資だと考えることもできるのである。

最後に、本書の執筆にあたり、途中で別の仕事を入れては困らせる筆者を忍耐強く待って下さった筑摩書房の長嶋美穂子氏、知財・イノベーションについての筆者とのとりとめのない議論を面白がっておつき合い下さった弁護士の牧野二郎氏に深く御礼申し上げる。また、幼い頃から劇場や美術館へ連れて行ってくれ、いくらでも本を買ってくれた美術好きの母にも謝意を表して、終わりとしたい。

二〇一三年十月二十五日　　　岩渕潤子

＊本書で採録した聖書時代の地図は、デジタル化され、パブリック・ドメインのオープン・コンテントとなっている日本聖書協会『聖書地図』（一九五六年）をもとに作りました。

【聖年（カトリック教会において、ローマ巡礼者に特別の赦しを与える、とした年）一覧】

1300年　ボニファティウス8世
1350年　クレメンス6世
1390年　ボニファティウス9世
1400年　ボニファティウス9世
1425年　マルティヌス5世
1450年　ニコラウス5世
1475-1476年　シクストゥス4世
1500年　アレクサンデル6世
1525年　クレメンス7世
1550年　ユリウス3世
1575年　グレゴリウス13世
1600年　クレメンス8世
1625年　ウルバヌス8世
1650年　インノケンティウス10世
1675年　クレメンス10世
1700年　インノケンティウス12世
1725年　ベネディクトゥス13世
1750年　ベネディクトゥス14世
1775年　ピウス6世
1825年　レオ12世
1875年　ピウス9世
1900年　レオ13世
1925年　ピウス11世
1950年　ピウス12世
1975年　パウロ6世
2000年　ヨハネ・パウロ2世

第14回(1274年)　第2リヨン公会議―コンクラーヴェの制定。ギリシャ教会との合同を模索。

第15回(1311-1312年)　ヴィエンヌ公会議―テンプル騎士団の解散を命令。

第16回(1414-1418年)　コンスタンツ公会議―対立教皇を廃し、教会大分裂（シスマ）終結。ウィクリフ、フスを排斥。公会議主義的教令を採択。

第17回(1431-1445年)　バーゼル公会議、フェラーラ・フィレンツェ公会議（1438年にフェラーラ、1439年にフィレンツェと移動したため、バーゼル・フェラーラ・フィレンツェ公会議などともいわれる。）―教皇首位説（コンスタンツ公会議の修正）、フィリオクェ問題の決議。カトリック（西方教会）と正教会の合同を目指した。

第18回(1512-1517年)　第5ラテラン公会議―教会改革を志向したが果たせず、宗教改革運動を招くことに。

第19回(1545-1563年)　トリエント公会議―教義や教会の方向性が討議され、カトリック教会のアイデンティティーを再確認。刷新された典礼は以後400年変わらず。

第20回(1869-1870年)　第1バチカン公会議―近代思想を否定し、教皇不可謬を宣言。

第21回(1962-1965年)　第2バチカン公会議―カトリック教会のアジョルナメント（今日化）を目指し、典礼・信仰の表現を刷新。カトリック教会の他宗教・他文化との対話（エキュメニズム）を推進。

【公会議一覧（カトリック認定）】

第 1 回(325年) 第1ニカイア公会議―アレイオス派排斥およびニカイア信条採択、復活祭（復活大祭）の日付を確定。

第 2 回(381年) 第1コンスタンティノポリス公会議―三位一体論の定義、ニカイア・コンスタンティノポリス信条採択。

第 3 回(431年) エフェソス公会議―ニカイア信条の正統性を確認。ネストリオス派の排斥とテオトコス論争の決着。

第 4 回(451年) カルケドン公会議―エウテュケスらの唱えた単性論（449年エフェソス強盗会議において認められたもの）の排斥。

第 5 回(553年) 第2コンスタンティノポリス公会議―三章問題の討議、カルケドン公会議の決定の再確認。

第 6 回(680-681年) 第3コンスタンティノポリス公会議―単意論の排斥。ホノリウス問題を討議。

第 7 回(787年) 第2ニカイア公会議―聖像破壊論者の排斥。

第 8 回(869-870年) 第4コンスタンティノポリス公会議―コンスタンディヌーポリ総主教フォティオスを追放。

第 9 回(1123年) 第1ラテラン公会議―ヴォルムス協約を承認、初めて西ヨーロッパで開催。

第10回(1139年) 第2ラテラン公会議―教会改革を実施し、対立教皇によって引きおこされた分裂を収拾。

第11回(1179年) 第3ラテラン公会議―コンクラーヴェのシステム改正（2/3の多数決制）。以降、参加司教の名簿が作成されるようになる。

第12回(1215年) 第4ラテラン公会議―ワルドー派・カタリ派を排斥。聖体の変化を示す「全実体変化」（Transsubstantiatio）を定義。

第13回(1245年) 第1リヨン公会議―神聖ローマ皇帝フリードリヒ2世を教会の敵対者として非難。

【宗教改革、対抗宗教改革年表】

14世紀　ウィクリフの改革（イングランド）
1415年　フス処刑
1419-1436年　フス戦争（フス派が神聖ローマ帝国皇帝と争う）
1494-1498年　サヴォナローラの改革（フィレンツェ）と処刑
1516年　エラスムス『校訂版　新約聖書』刊行
1517年　ルターの「95ヶ条の論題」（ドイツの宗教改革始まる）
1520年　ルター『キリスト者の自由』（信仰義認説の確立）『ドイツ貴族に与える書』『教会のバビロニア捕囚』
1521年　ルターのヴォルムス帝国議会への召喚、ヴァルトブルク城に遁れる
1526年　シュパイエル帝国議会でルター派を容認
1527年　ローマ略奪
1529年　シュパイエル帝国議会でルター派を再禁止
1534年　ロヨラらによりイエズス会設立
1536年　カルヴァン『キリスト教綱要』刊行、ジュネーヴで改革に協力（-1538年）
1534年　ヘンリー8世、国王至上法を公布（イングランド）、これを批判したモアは翌年殉教
1536年10月6日　ティンダルの処刑
1541年　カルヴァンがジュネーヴに戻り改革に取り組む
1545-1563年　トリエント公会議
1546-1547年　シュマルカルデン戦争（ドイツ）
1553年　三位一体を否定した異端の神学者セルヴェが火あぶりになる（ジュネーヴ）
1555年　アウクスブルクの和議
1562-1598年　ユグノー戦争（フランス）
1568年　ネーデルラント諸州の反乱（八十年戦争）
1572年　サン・バルテルミの虐殺（フランス）
1598年　ナントの勅令（フランス）

【参考文献一覧】

＊過去、20年以内の出版物で、アマゾンなどでも容易に入手可能なもの。

■キリスト教、カトリックについて

A History of Christianity: The First Three Thousand Years, Diarmaid MacCulloch, Penguin Books, 2010

Introducing the New Testament: A Historical, Literary, and Theological Survey, Mark Allan Powell, Baker Academic, 2009

■ローマ、ヴァティカンについて

The Pilgrim's Guide to Rome's Principal Churches: Illustrated Guided Tours of Fifty-One of the Most Important Churches in Rome, Joseph N. Tylenda, Angelus Press, 1st Edition

Inside the Vatican, Bart McDowell, Photographs by James L. Stanfield, National Geographic, 2005（バート・マクダウェル著、ジェームズ・L・スタンフィールド写真『バチカンの素顔』日経ナショナル ジオグラフィック社、2009年刊）

Churches of Rome, Pierre Grimal, Caroline Rose (Photographer), Vendome Press, 1997

ART & ARCHITECTURE ROME, Brigitte Hintzen-Bohlen, Jürgen Sorges, H. F. Ullmann, 2013

A Concise Guide to the Documents of Vatican II, Edward P. Hahnenberg, St. Anthony Messenger Press, 2007

A Reason Open to God: On Universities, Education, and Culture, Pope Benedict XVI (Author), J. Steven Brown (Editor), The Catholic University of America Press, 2013

■ルネサンス、宗教改革、対抗宗教改革について

Rome Reborn: The Vatican Library and Renaissance Culture, Anthony Grafton, Yale University Press, 1993

The Early Reformation in Europe, Andrew Pettegree (Editor), Cambridge University Press, 1992

The Reformation, Diarmaid MacCulloch, Penguin Books; Reprint edition

Luther: Man Between God and the Devil, Heiko A. Oberman (Author), Eileen Walliser-Schwarzbart (Translator), Yale University Press, 2006

The European Reformation, Euan Cameron, Oxford University Press, USA, Second Edition, 2012

The Counter-Reformation: The Essential Readings, David Luebke (Editor), Wiley-Blackwell, 1999

The Catholic Reformation, Michael A. Mullett, Routledge; Reissue edition, 1999

The Refashioning of Catholicism, 1450–1700: A Reassessment of the Counter Reformation, Robert Bireley, Catholic University of America Press, 1999

The Italian Renaissance: The Essential Readings, Paula Findlen (Editor), Wiley-Blackwell; 1 st edition, 2002

The Sensuous in the Counter-Reformation Church, Marcia B. Hall, Tracy E. Cooper, Cambridge University Press, 2013

Art and Spirituality in Counter-Reformation Rome: The Sis-

tine and Pauline Chapels in S. Maria Maggiore (*Monuments of Papal Rome*), Steven F. Ostrow, Cambridge University Press, 1996

■イエズス会について

Contemplatives in Action: The Jesuit Way, William A. Barry, Robert G. Doherty, Paulist Press, 2002

■公会議について

Trent: What Happened at the Council, John W. O'Malley, Belknap Press of Harvard University Press, 2010

What Happened at Vatican II, John W. O'Malley, Belknap Press of Harvard University Press, 2010

Vatican II: The Battle for Meaning, Massimo Faggioli, Paulist Press, 2012

Theological Highlights of Vatican II, Pope Benedict XVI, Paulist Press, 2009

■英国王チャールズ１世とその美術コレクションについて

The Late King's Goods: Collections, Possessions, and Patronage of Charles I in the Light of the Commonwealth Sale Inventories, Arthur MacGregor, Oxford Univ Press, 1989

The Sale of the Late King's Goods: Charles I and His Art Collection, Jerry Brotton, Pan Books; New Edition

King James & Letters of Homoerotic Desire, David Moore Bergeron, University of Iowa Press, 2002

Buckingham, The Life and Political Career of George Villiers, First Duke of Buckingham, 1592-1628, Roger Lockyer, Longman, 1981

聖書地図（JBS1956）
http://ja.wikisource.org/wiki/%E8%81%96%E6%9B%B8%E5%9C%B0%E5%9B%B3%28JBS1956%29

ちくま新書
1057

ヴァティカンの正体《しょうたい》
——究《きゅう》極《きょく》のグローバル・メディア

二〇一四年二月一〇日　第一刷発行

著　者　岩渕潤子（いわぶち・じゅんこ）
発行者　熊沢敏之
発行所　株式会社 筑摩書房
東京都台東区蔵前二－五－三　郵便番号一一一－八七五五
振替〇〇一六〇－八－四一二三
装幀者　間村俊一
印刷・製本　株式会社 精興社

乱丁・落丁本の場合は、左記宛にご送付下さい。
送料小社負担でお取り替えいたします。
ご注文・お問い合わせも左記へお願いいたします。
〒三三一－八五〇七　さいたま市北区櫛引町二－六〇四
筑摩書房サービスセンター　電話〇四八－六五一－〇〇五三

ISBN978-4-480-06759-3 C0216

1019
近代中国史
岡本隆司
中国とは何か？　その原理を解く鍵は、近代史に隠されている。グローバル経済の奔流が渦巻きはじめた時代から、激動の歴史を構造的にとらえなおす。

654
歴史学の名著30
山内昌之
世界と日本を知るには歴史書を読むのが良い。とはいえ古典・大著は敷居が高い。そんな現代人のために古今東西の名著から第一人者が精選した、魅惑のブックガイド。

888
世界史をつくった海賊
竹田いさみ
スパイス、コーヒー、茶、砂糖、奴隷……歴史の陰には、常に奴らがいた。開拓の英雄であり、略奪者で厄介者でもあった〝国家の暴力装置〟から、世界史を捉えなおす！

890
現代語訳　史記
司馬遷
大木康訳／解説
歴史書にして文学書の大古典『史記』から「権力」と「キャリア」をテーマにした極上のエピソードを選出し、現代語訳。「本物の感触」を届ける最上の入門書。

932
ヒトラーの側近たち
大澤武男
ナチスの屋台骨である側近たち。ゲーリング、ヘス、ゲッベルス、ヒムラー……。独裁者の支配妄想を実現、ときに強化した彼らは、なぜ、どこで間違ったのか。

935
ソ連史
松戸清裕
二〇世紀に巨大な存在感を持ったソ連。「冷戦の敗者」「全体主義国家」の印象で語られがちなこの国の内実を丁寧にたどり、歴史の中での冷静な位置づけを試みる。

994
やりなおし高校世界史
――考えるための入試問題8問
津野田興一
世界史は暗記科目なんかじゃない！　大学入試を手掛かりに、自分の頭で歴史を読み解けば、現在とのつながりが見えてくる。高校時代、世界史が苦手だった人、必読。

ちくま新書

064
民俗学への招待
宮田登
なぜ私たちは正月に門松をたて雑煮を食べ、晴着を着るのだろうか。柳田国男、南方熊楠、折口信夫などの民俗学研究の成果を軸に、日本人の文化の深層と謎に迫る。

085
日本人はなぜ無宗教なのか
阿満利麿
日本人には神仏とともに生きた長い伝統がある。それなのになぜ現代人は無宗教を標榜し、特定宗派を怖れるのだろうか？　あらためて宗教の意味を問いなおす。

1022
現代オカルトの根源
——霊性進化論の光と闇
大田俊寛
多様な奇想を展開する、現代オカルト。その根源には「霊性の進化」をめざす思想があった。19世紀の神智学から、オウム真理教・幸福の科学に至る系譜をたどる。

222
人はなぜ宗教を必要とするのか
阿満利麿
宗教なんてインチキだ、騙されるのは弱い人間だからだ——そんな誤解にひとつずつこたえ、「無宗教」から「信仰」へと踏みだす道すじを、わかりやすく語る。

390
グレートジャーニー〈カラー新書〉
——地球を這う①　南米～アラスカ篇
関野吉晴
アフリカに起源し南米に至る人類拡散五〇〇万年の経路を逆ルートで、自らの脚力と腕力だけで辿った探険家の壮大な旅を、カラー写真一二〇点と文章で再現する。

568
グレートジャーニー〈カラー新書〉
——地球を這う②　ユーラシア～アフリカ篇
関野吉晴
人類拡散五〇〇万年の足跡を逆ルートで辿る、足掛け一〇年に及ぶ壮大な旅の記録。ユーラシア大陸を横断し、いよいよ誕生の地アフリカへ！　カラー写真一三〇点。

445
禅的生活
玄侑宗久
禅とは自由な精神だ！　禅語の数々を紹介しながら、言葉では届かない禅的思考の境地へ誘う。窮屈な日常に変化をもたらし、のびやかな自分に出会う禅入門の一冊。

ちくま新書

615 現代語訳 般若心経 玄侑宗久
人はどうしたら苦しみから自由になれるのか。言葉や概念といった理知を超え、いのちの全体性を取り戻すための手引を、現代人の実感に寄り添って語る新訳決定版。

660 仏教と日本人 阿満利麿
日本の精神風土のもと、伝来した仏教はどのように変質し血肉化されたのか。日本人は仏教に出逢い何を学んだのか。文化の根底に流れる民族的心性を見定める試み。

744 宗教学の名著30 島薗進
哲学、歴史学、文学、社会学、心理学など多領域から宗教理解、理論の諸成果を取り上げ、現代における宗教的なものの意味を問う。深い人間理解へ誘うブックガイド。

783 日々是修行 ——現代人のための仏教一〇〇話 佐々木閑
仏教の本質とは生き方を変えることだ。日々のいとなみの中で智慧の力を磨けば、人は苦しみから自由になれる。科学の時代に光を放つ初期仏教の合理的な考え方とは。

814 完全教祖マニュアル 架神恭介 辰巳一世
キリスト教、イスラム、仏教などの伝統宗教から現代日本の新興宗教まで古今東西の宗教を徹底的に分析。教義や組織の作り方、奇跡の起こし方などすべてがわかる！

864 歴史の中の『新約聖書』 加藤隆
『新約聖書』の複雑な性格を理解するには、その成立までの経緯を知る必要がある。一神教的伝統、イエスの意義、初期キリスト教の在り方までをおさえて読む入門書。

886 親鸞 阿満利麿
親鸞が求め、手にした「信心」とはいかなるものか。時代の大転換期において、人間の真のあり様を見据え、新しい救済の物語を創出したこの人の思索の核心を示す。

ちくま新書

740
カントの読み方
中島義道
超有名な哲学者カントは、翻訳以前にそもそも原文も難しい。カントをしつこく研究してきた著者が『純粋理性批判』を例に、初心者でも読み解ける方法を提案する。

776
ドゥルーズ入門
檜垣立哉
没後十年以上を経てますます注視されるドゥルーズ。哲学史的な文脈と思想的変遷を踏まえ、その豊かなイマージュと論理を読む。来るべき思想の羅針盤となる一冊。

832
わかりやすいはわかりにくい?
――臨床哲学講座
鷲田清一
人はなぜわかりやすい論理に流され、思い通りにゆかず苛立つのか――常識とは異なる角度から哲学的に物事を見る方法をレッスンし、自らの言葉で考える力を養う。

866
日本語の哲学へ
長谷川三千子
言葉は、哲学の中身を方向づける働きを持っている。和辻哲郎の問いを糸口にパルメニデス、デカルト、ハイデッガーなどを参照し、「日本語の哲学」の可能性をさぐる。

907
正義論の名著
中山元
古代から現代まで「正義」は思想史上最大のテーマのひとつでありつづけている。プラトンからサンデルに至る主要な思想のエッセンスを網羅し今日の課題に応える。

922
ミシェル・フーコー
――近代を裏から読む
重田園江
社会の隅々にまで浸透した「権力」の成り立ちを問い、常識的なものの見方に根底から揺さぶりをかけるフーコー。その思想の魅力と強靭さをとらえる革命的入門書!

944
分析哲学講義
青山拓央
現代哲学の全領域に浸透した「分析哲学」。言語のはたらきの分析を通じて世界の仕組みを解き明かすその手法は切れ味抜群だ。哲学史上の優れた議論を素材に説く!